LE LANGAGE MÉTAPHYSIQUE DES HIÉROGLYPHES ÉGYPTIENS

Publié en 2024

Le Langage Métaphysique des Hiéroglyphes Égyptiens

Moustafa Gadalla

Le Langage Métaphysique des Hiéroglyphes Égyptiens
de Moustafa Gadalla

Table des matières

À PROPOS DE L'AUTEUR

Moustafa Gadalla est un égyptologue indépendant égypto-américain né au Caire, en Égypte, en 1944. Il est titulaire d'un baccalauréat ès sciences en génie civil de l'Université du Caire.

Dès sa petite enfance, Gadalla a poursuivi avec passion ses racines égyptiennes antiques, à travers des études et des recherches continues. Depuis 1990, il consacre et concentre tout son temps à la recherche et à l'écriture.

Gadalla est l'auteur de vingt-deux livres publiés de renommée internationale sur les divers aspects de l'histoire et de la civilisation de l'Égypte ancienne et ses influences dans le monde entier. En outre, il exploite un centre de ressources multimédia pour des études précises et éducatives sur l'Égypte ancienne, présentées d'une manière engageante, pratique et intéressante qui plaît au grand public.

Il a été le fondateur de la Tehuti Research Foundation, qui a ensuite été intégré au Centre multilingue de la sagesse égyptienne multilingue (https://www.egyptianwisdomcenter.org) dans plus de dix langues.

Le site Web comprend également une autre activité en cours ; la création et production de projets d'arts du spectacle tels que Isis Rises Operetta, Horus The Initiate Operetta ; Opérette des déesses égyptiennes ; et quelques autres productions suivront.

PRÉFACE

Une image vaut plus que 1000 mots. Loin de représenter uniquement une lettre ou un son, elle incarne un concept, une idée.

Nous disons « imagine ceci ou cela », car les images sont des représentations de concepts et d'idées qui vont bien au-delà des mots. L'image transmet des informations de manière plus efficace que les lettres ou les mots.

Ce livre traite du langage métaphysique des hiéroglyphes égyptiens communiqué par les images et correspondant au langage de l'esprit, de l'intellect, du divin.

Cet ouvrage vise à fournir un exposé qui s'appuie sur des connaissances approfondies, tout en présentant les différents thèmes dans un langage compréhensible aux lecteurs non spécialistes. Les termes techniques sont réduits au minimum.

Ce livre comprend 8 chapitres.

Le chapitre 1: *La duperie historique sur la linguistique de l'ancienne Égypte* entend mettre fin à la confusion qui déforme les hiéroglyphes égyptiens en les présentant comme une forme primitive d'écriture composée de valeurs de sons individuels. Les hiéroglyphes égyptiens sont des idéogrammes qui n'ont rien à voir avec le système alphabétique égyptien.

Le chapitre 2: *Les réalités scientifiques/métaphysiques des images illustrées (hiéroglyphes)* explique comment les êtres humains traitent les informations reçues par les cinq sens et transmises au cerveau via des images représentées ; comment chaque image hiéroglyphique possède un sens imitatif et symbolique (figuratif et allégorique) ; il aborde également la concurrence dans la science moderne de cette multitude de sens pour chaque image et démontre qu'une série d'images est traitée de la même manière par la conscience qu'un rêve.

Le chapitre 3: *La représentation des pensées avec les images hiéroglyphiques égyptiennes* explique comment les images hiéroglyphiques égyptiennes représentent des concepts métaphysiques ; il traite également des relations entre leurs fonctions et leurs formes géométriques et fournit un aperçu de la formation égyptienne de ces idéogrammes.

Le chapitre 4: *Les images hiéroglyphiques d'animaux* explique le sens métaphysique de ces images et souligne l'importance d'une trentaine d'images hiéroglyphiques égyptiennes.

Le chapitre 5: *Les images hiéroglyphiques d'humains et d'humains à tête d'animal* explique le sens métaphysique de ces images et souligne la portée d'une dizaine d'images hiéroglyphiques égyptiennes.

Le chapitre 6: *Les images hiéroglyphiques des parties du corps* explique le sens métaphysique de ces images et souligne la portée d'une dizaine d'images hiéroglyphiques égyptiennes.

Le chapitre 7: *Les images hiéroglyphiques de la nature et de figures géométriques* explique le sens métaphysique de ces images et souligne la portée d'une dizaine d'images hiéroglyphiques égyptiennes.

Le chapitre 8: *Images hiéroglyphiques d'objets faits par l'homme* explique le sens métaphysique de ces images et souligne la portée d'une vingtaine d'images hiéroglyphiques égyptiennes.

Moustafa Gadalla

STANDARDS ET TERMINOLOGIE

1. En ancien égyptien, le mot *neter* et sa forme au féminin *netert*, ont été rendus de manière erronée et peut-être délibérée par dieu et déesse par presque tous les académiciens. Neteru (le pluriel de neter/netert) désigne les principes divins et les fonctions de l'Unique et Suprême Dieu.

2. Il se peut que vous rencontriez des variations dans l'écriture des mêmes termes en ancien égyptien, comme Amen/Amon/Amoun ou Pir/Per. Ceci parce que les voyelles que vous voyez dans les textes égyptiens traduits ne sont que des approximations phonétiques, utilisées par les égyptologues occidentaux et destinées à leur faciliter la prononciation des termes et mots de l'ancien égyptien.

3. Nous utiliserons les mots les plus communément reconnus par nos lecteurs francophones pour identifier un neter et une netert [dieu, déesse], un pharaon ou une cité; ils seront suivis d'autres «variations» du terme/mot en question.

On notera que les vrais noms des divinités (dieux, déesses) étaient tenus secrets dans le but de garder à la divinité son pouvoir cosmique. On se référait aux *neteru* par des épithètes décrivant une qualité particulière, un attribut et/ou des aspects de leurs rôles. Ceci s'applique à tous les termes courants tels qu'Isis, Osiris, Amoun, Rê, Horus, etc.

4. Lorsque nous utiliserons calendrier romain, nous utiliserons les termes suivants:

> **EC** – Ère commune. De notre ère. Correspond à: ap. J.-C.
> **AEC** – Avant l'ère commune. Avant notre ère. Correspond à: av. J.-C.

5. Il n'y a pas et il n'y a jamais eu d'écrits ni de textes en ancien égyptien que les Égyptiens eux-mêmes classifiaient comme «religieux», «funéraire», «sacré»,… etc. Les académiciens occidentaux ont donné à ces textes en ancien langage égyptien des noms purement arbitraires du genre de «Livre de ceci» ou «Livre de cela», «divisions», «énonciations», «incantations»,… etc. Le milieu académique occidental est même allé jusqu'à décider que tel «Livre» existait en «version

Thébaine», ou en «version de telle ou telle époque». Après avoir ajouté foi à ses propres élucubrations, l'académie accusa les anciens Égyptiens d'avoir commis des erreurs et d'avoir omis des parties de leurs propres écrits?!!

Afin de faciliter la référence, toutefois, nous utiliserons la classification des anciens textes égyptiens, en usage courant dans le milieu académique occidental mais arbitraire, bien que les anciens Égyptiens eux-mêmes n'aient jamais eu recours à une telle classification.

CARTE DE L'ÉGYPTE ANTIQUE

CHAPITRE 1 : LA DUPERIE HISTORIQUE SUR LA LINGUISTIQUE DE (L'ANCIENNE) ÉGYPTE

1.1 LES MODES D'ÉCRITURE EN IMAGES ET ALPHABÉTIQUES

Les écrivains gréco-romains de l'Antiquité ont tous affirmé qu'il existait fondamentalement deux formes d'écriture en ancienne Égypte: les hiéroglyphes (images illustrées) et la forme alphabétique. Les académiciens occidentaux divisent arbitrairement le type d'écriture alphabétique de l'ancienne Égypte en deux formes: hiératique et démotique. [Découvrez l'évaluation de ces affirmations dénuées de fondement dans *The Ancient Egyptian Universal Writing Modes* de Moustafa Gadalla.]

Il convient de souligner qu'aucun écrivain classique – notamment Clément d'Alexandrie (dans les *Stromates*, Livre V, Chapitre IV) – n'a jamais indiqué que la forme d'écriture alphabétique égyptienne était une forme «cursive» ou «dégénérée» des hiéroglyphes illustrés. Cependant, sans aucun scrupule, certains «spécialistes» ont invoqué les écrits de Clément d'Alexandrie pour proclamer que les hiéroglyphes égyptiens avaient donné naissance à une écriture plus cursive connue sous le nom de *hiératique* et que la forme hiératique avait elle-même donné naissance à une écriture très rapide parfois appelée *enchoriale* ou *démotique*.

De nombreux spécialistes honnêtes, confirmèrent cependant la vérité historique affirmant que les écritures en images sont un ensemble d'images transmettant des significations conceptuelles et non des valeurs phoniques individuelles, à l'image de l'égyptologue britannique W.M. Flinders Petrie, qui écrivit dans son livre *The Formation of the Alphabets* [p. 6]:

> *«La question de savoir si les signes [alphabétiques] dérivaient des images hiéroglyphiques ou représentaient un système indépendant a été si peu abordée*

par les écrivains, que le sujet a été décidé à maintes reprises sans tenir compte des différents détails en cause».

Sous la 12e dynastie (2000-1780 AEC), les Égyptiens se servaient constamment d'à peu près 700 signes. Il existe pratiquement une infinité de ces symboles naturels. Dans la mesure où le déchiffrage des hiéroglyphes métaphysiques de l'ancienne Égypte dépasse les compétences des académiciens occidentaux, ils les ont interprétés comme une forme d'écriture *primitive*!

Les égyptologues académiciens ont choisi avec impudence 24 signes parmi des centaines de hiéroglyphes et les ont appelés «alphabet». Puis ils ont attribué différentes «fonctions» aux autres centaines de signes, les appelant «syllabiques», «déterminatifs», etc. Ils inventèrent les règles au fur et à mesure et le résultat final fut tout simplement chaotique. Ceci témoigne clairement des grandes difficultés des académiciens à comprendre les textes hiéroglyphiques (métaphysiques) de l'ancienne Égypte.

Un signe en image n'a AUCUNE valeur phonique PARTICULIÈRE. Seule une lettre alphabétique possède un son particulier qui lui correspond – ce qui était le cas dans le langage alphabétique des anciens Égyptiens, connu sous le nom d'écriture «hiératique» et «démotique» et sans AUCUN rapport avec les hiéroglyphes – une forme tout à fait distincte et indépendante qui n'a rien à voir avec la forme hiéroglyphique égyptienne des communications cosmiques. Découvrez-en plus sur le langage alphabétique des anciens Égyptiens dans l'ouvrage *The Ancient Egyptian Universal Writing Modes* de Moustafa Gadalla.

Le langage métaphysique hiéroglyphique égyptien est cohérent avec le fait que certaines choses ne peuvent pas être traduites par des mots. Elles se manifestent par elles-mêmes. Elles représentent ce qu'il y a de mystique. Confrontée à ces «choses» mystiques, la réalité qui autorise la parole et les mots est condamnée à ne s'attarder que sur les apparences. La réalité – qu'il s'agisse de formes logiques ou de formes vivantes – reste obstinément hors du langage parlé. Elle restreint ce que nous disons, tout en refusant d'être prononcée. À moins d'admettre l'existence d'une réalité transcendante hors du langage parlé, nous devenons des solipsistes sans aucune raison de parler. L'acte de parler dépend donc du silence. Nous ne pouvons parler ensemble qu'en confiant les fondements de notre parole à un silence respectueux.

1.2 LES SIGNES UNIVERSELS EN IMAGES

Nous sommes entourés de signes. Des flèches nous indiquent où aller où regarder. Les virgules et les points nous dictent les pauses à observer durant la lecture. En mathématiques, les signes nous somment d'additionner, de soustraire ou de diviser. Les panneaux de signalisation aident les conducteurs à conduire avec prudence et les piétons à traverser la route en toute sécurité.

Aucun de ces signes ne dépend de mots. Ils peuvent tous être compris par des personnes parlant différentes langues, si elles ont appris le sens de ces signes.

En effet, chaque branche du savoir scientifique possède ses propres signes pour communiquer des informations spécifiques. Nous ne pouvons pas tous comprendre tous les signes dans toutes les sciences. Et nous n'en avons pas besoin d'ailleurs.

Un symbole, par définition, ne signifie pas ce qu'il représente, mais ce qu'il symbolise, ce qu'il suggère. Un symbole dévoile à l'esprit une réalité autre que lui-même. Les mots transmettent des informations; les symboles évoquent quant à eux une certaine compréhension.

Les symboles représentent une langue non prononcée et les hiéroglyphes égyptiens ne représentent pas non plus des lettres ou des mots, mais des idées et des concepts.

1.3 LES IMAGES/ÉCRITURES MÉTAPHYSIQUES ÉGYPTIENNES ILLUSTRÉES

Le système illustré de l'ancienne Égypte est communément appelé hiéroglyphes; il est constitué d'un grand nombre de symboles graphiques. Le terme hiéroglyphe signifie écriture sainte (*hieros* = saint, *glyphein* = écrit). L'écriture hiéroglyphique fut utilisée dans les temples égyptiens jusqu'à l'an 400.

Chaque symbole graphique vaut bien un millier de mots. Il représente une fonction ou un principe à tous les niveaux simultanément, de son expression matérielle la plus simple et évidente à la plus abstraite et métaphysique. Ce langage symbolique représente une richesse des idées physiques, physiologiques, psychologiques et spirituelles dans les symboles présentés.

Le concept symbolique et métaphorique des hiéroglyphes fut unanimement reconnu par tous les auteurs anciens ayant écrit sur ce thème, à savoir Plutarque, Diodore, Clément, etc.

- Dans son traité sur Isis et Osiris, qui représente l'une des sources les plus enrichissantes pour notre compréhension des idées religieuses égyptiennes, Plutarque aborde à plusieurs reprises les hiéroglyphes et leur sens métaphorique et allégorique. Dans ses *Œuvres morales, Vol. V*, Plutarque affirme:

«L'enfant désigne la naissance, le vieillard, la cessation prochaine de la vie; l'épervier, c'est Dieu; le poisson, c'est la haine, à cause de la mer, comme nous l'avons dit, et l'hippopotame marque l'impudence (…)».

Plutarque, à l'image de TOUS les auteurs classiques de son époque, insista sur le fait que l'intention métaphysique est le seul principe de l'écriture hiéroglyphique, qui n'est autre que l'expression en images d'idées divines et de connaissances sacrées.

Plutarque a énuméré un nombre considérable de Grecs éminents qui se rendirent en Égypte à des époques différentes. Parmi eux, il mentionna Pythagore, dont l'admiration et la confiance envers «les enseignements symboliques et occultes des Égyptiens» sont soulignées et illustrées par une comparaison de la méthode allégorique utilisée dans les préceptes de Pythagore et les *«écritures appelées hiéroglyphes»*.

- Chairemon vécut à Alexandrie avant de s'installer à Rome où il fut le tuteur de Néron à partir de 49 EC. Chairemon décrivit 19 signes hiéroglyphiques dans ses ouvrages, chacun suivi par une explication de son sens allégorique.
- Diodore de Sicile, dans son *Livre Premier*, déclara:

«Ainsi ils – les Égyptiens – composent leur écriture non d'un assemblage de lettres et de mots mais d'un arrangement de figures dont un long usage a gravé la signification dans leur mémoire. En effet, s'ils représentent un milan, un crocodile, un serpent ou quelque partie du corps humain comme un œil, une main, un visage et d'autres choses semblables, c'est que le milan, par une métaphore assez naturelle, signifie tout ce qui est prompt et subit d'autant qu'il vole le plus légèrement de tous les oiseaux, le crocodile dénote toute sorte de méchancetés».

- Clément d'Alexandrie, aux alentours de 200 EC, analysa les hiéroglyphes. Il aborde parallèlement les qualités métaphoriques et allégoriques des hiéroglyphes de manière explicite, et il expose ses exemples de la même manière symbolique que les auteurs qui l'ont précédé.

- La meilleure description nous vient de Plotin qui écrivit dans son livre *Les Ennéades* [Vol. V–VI]:

Les sages de l'Égypte me paraissent avoir fait preuve d'une science consomméeou d'un merveilleux instinct, quand, pour nous révéler leur sagesse, ils n'eurent point recours aux lettres qui expriment des mots et des propositions, qui représentent des sons et des énoncés, mais qu'ils figurèrent les objets par des hiéroglyphes et désignèrent symboliquement chacun d'eux par un emblème particulier dans leurs mystères; ainsi, chaque hiéroglyphe constituait une espèce de science ou de sagesse, et mettait la chose sous les yeux d'une manière synthétique, sans conception discursive ni analyse; ensuite, cette notion synthétique était reproduite par d'autres signes qui la développaient, l'exprimaient discursivement, dénonçaient les causes pour lesquelles les choses sont ainsi faites, quand leur belle disposition excite l'admiration. Aussi admirera-t-on la sagesse des Égyptiens si l'on considère comment, ne possédant pas les causes des essences, elle a pu disposer cependant les choses de manière à ce qu'elles soient conformes aux causes des essences».

Les hiéroglyphes égyptiens peuvent sembler un fardeau superflu que les prêtres égyptiens ont «inventé» pour conserver jalousement leurs secrets du reste de la population. Le fait est que ces perceptions sont très éloignées de la réalité, à tous points de vue. Des explications seront dévoilées pour montrer que le concept d'images illustrées dans les hiéroglyphes égyptiens représente le dénominateur commun entre tous les êtres humains et les forces divines de l'univers.

CHAPITRE 2 : LES RÉALITÉS SCIENTIFIQUES/ MÉTAPHYSIQUES DES IMAGES ILLUSTRÉES

2.1 LES IMAGES: LE LANGAGE DE L'ESPRIT/DE LA CONSCIENCE/DU DIVIN

Les hommes disent souvent:

– **IMAGINE** ceci.

– Peux-tu me **DÉPEINDRE** la situation …?

– Tu **VOIS** ce que je veux dire ?

L'utilisation de ces mots et expressions – IMAGINER, DÉPEINDRE, VOIR ce que je veux dire – reflètent profondément la manière dont nos esprits traitent les informations qui nous sont transmises par le biais de nos sens. Nous traitons TOUTES les informations à l'aide d'IMAGES.

La communication linguistique consiste à transmettre des idées ou des concepts immatériels d'une personne (le locuteur ou l'écrivain) à une autre (le récepteur ou le lecteur) par le biais de signes matériels tels que des signes sur du papier ou des vibrations, des ondes.

En lisant un texte, nous entreprenons un processus de vision où les signes matériels sont traduits en concepts dans nos cerveaux.

L'interprétation traditionnelle de la communication prétend traiter le signe matériel comme la simple apparence d'une réalité idéale sous-jacente.

Lorsque la communication est interprétée de cette manière, l'interaction des signes n'est pas traitée comme une réalité à part entière. Au contraire, le signe est considéré comme le signifiant, l'indicateur ou l'apparence d'une réalité essentielle signifiée qui lui sous-tend. Cette réalité est le contenu conceptuel qui est conservé de quelque manière dans le cerveau de la personne communicante.

Cette pensée apparemment moderne était non seulement connue des anciens Égyptiens, comme en témoigne le texte de la *Stèle de Chabaka* qui ne date que de 700 AEC, mais qui, d'après des sources linguistiques, philologiques et d'autres natures, dérive d'un texte original datant d'au moins 2000 ans auparavant. La section 55 de ce document égyptien récite:

> *«Les yeux voient, les oreilles entendent, le nez respire l'air. Ils informent le cœur. C'est lui qui fait que sorte toute connaissance, c'est la langue qui proclame les pensées du cœur. Les sens informent le cœur, avec ce matériau, le cœur conçoit et délivre la pensée, que la langue, telle un messager, manifeste verbalement».*

Le *cœur* en Égypte antique symbolise la conscience. Ainsi, les informations canalisées par les cinq pouvoirs des sens sont acheminées vers la faculté d'imagination dont la demeure se trouve dans le lobe frontal du cerveau.

Les données recueillies par les cinq sens – ce savoir intime reçu – sont unifiées par l'imagination. Le processus d'union de l'imagination ne suit pas la voie de la raison ou de la logique. L'esprit accumule les données perceptuelles et leur donne du «sens». À son tour, l'imagination les unifie d'une manière identique, non logique.

L'imagination passe d'une chose à une autre. Étant donné que de nombreuses choses de nature presque totalement différente possèdent un millième de qualité en commun (à condition qu'elle soit nouvelle ou distincte), ces choses appartiennent à une catégorie imaginative et non à un ensemble naturel brut, donc pas à un recueil de données arrivées par simple copie. Le langage a ouvert les portes d'un nouveau royaume de spiritualité où les concepts, les souvenirs et les déductions ont revêtu une importance capitale en contraste avec les activités psychiques inférieures, qui concernaient les perceptions immédiates des organes de sens. Il s'agit là sans aucun doute de l'une des étapes les plus importantes sur la voie de l'évolution humaine.

Ainsi, les images authentiques représentatives dans l'esprit/la conscience sont les véritables réalités de l'univers. Il convient de conclure qu'il existe une correspondance totale entre la conscience et le monde. C'est la conscience transcendantale qui engendre le ciel trivial, encore une fois marqué par la caractéristique supplémentaire nécessaire de préserver son statut de ciel, afin que ces occupants sachent qu'ils s'y trouvent. Plus précisément, ils sont certains de la correspondance d'une conscience à une autre, à toute conscience possible, et donc au monde.

2.2 LA SAGESSE DES TROIS RÔLES DE CHAQUE IMAGE HIÉROGLYPHIQUE ÉGYPTIENNE

Les *Hiéroglyphes* dits d'Horapolle sont le seul véritable traité préservé datant de l'Antiquité classique. Il consiste en deux livres, l'un contenant 70 chapitres et l'autre 119, chacun étant consacré à un hiéroglyphe particulier.

Selon Horapolle, les liens entre le signe et le sens étaient toujours de nature allégorique et établis au moyen d'un raisonnement «philosophique».

En conséquence, chaque hiéroglyphe égyptien possède un titre court décrivant soit le hiéroglyphe en soi dans de simples termes (par ex. l'explication de l'image d'un faucon) ou bien formulant la nature du sujet allégorique à expliquer, par exemple «comment signifier l'éternité» ou «comment signifier l'univers».

De même, Clément d'Alexandrie, dans les *Stromates Livres V,* Chapitre IV nous explique les deux rôles principaux (kyriologique et symbolique) des hiéroglyphes égyptiens et la manière dont ce dernier (rôle **symbolique**) contient à son tour deux rôles – **figuratif** et **allégorique** [mystique]:

> *«Les hiéroglyphiques égyptiens se divisent en deux classes; les unes sont élémentaires (…) on les nomme Kyriologiques; les autres sont appelées Symboliques.*

> *La méthode Symbolique se subdivise en trois espèces: l'une représente les objets au propre par imitation; l'autre les exprime d'une manière figurée; la troisième se sert entièrement d'allégories exprimées par certaines énigmes».*

[I] Concernant le premier rôle/sujet – à savoir par imitation – les *Stromates, Livre V*, chapitre IV de Clément d'Alexandrie poursuivent de cette manière:

> *«Les Égyptiens veulent-ils écrire le soleil, ils font un cercle; la lune, ils tracent la figure d'un croissant».*

[II] Concernant le second rôle/sujet – **figuratif** – les *Stromates, Livre V*, chapitre IV de Clément d'Alexandrie poursuivent de cette manière:

> *«Dans la méthode figurée, changeant et détournant les objets par voie d'analogie, ils les représentent soit en modifiant leur image, soit en lui faisant subir divers genres de transformation».*

[III] Concernant le troisième rôle/sujet – **allégorique** – les *Stromates, Livre V*, chapitre IV de Clément d'Alexandrie poursuivent de cette manière:

> *«Voici un exemple de la troisième espèce qui met en usage les allusions énigmatiques. Les Égyptiens figurent les autres astres par le corps d'un serpent à cause de l'obliquité de leur marche; mais ils représentent le soleil sous la forme d'un scarabée, parce que cet insecte, après avoir pétri en masse circulaire la fiente du bœuf, la roule sur lui-même par un mouvement rétrograde. Ils croient qu'il passe six mois sous la terre et qu'il vit sur la surface du sol le reste de l'année. Ils ajoutent qu'il injecte dans le sphéroïde formé par lui un germe spermatique, qu'il se reproduit par cette voie. Et qu'il ne naît aucun scarabée femelle».*

Clément, comme TOUS les auteurs classiques de l'Antiquité, affirma que les hiéroglyphiques égyptiens représentent des images authentiques de la loi divine. Les liens entre le signe et le sens ont toujours été de nature allégorique et établis au moyen d'un raisonnement philosophique.

En résumé, l'écriture hiéroglyphique symbolique est fondamentalement divisée en trois rôles:

1) Imitatif (un objet se représente lui-même)

2) Figuratif (un objet symbolise l'une de ses qualités) et

3) Allégorique (un objet est lié par le biais de processus conceptuels énigmatiques)

En effet, ces catégories décrivent les liens entre les formes visuelles et leurs significations. Une forme visuelle peut être mimétique ou imitative, copiant directement les caractéristiques de l'objet qu'elle représente ; elle peut être associative, suggérant des attributs qui ne sont pas présents visuellement comme des propriétés abstraites qui ne peuvent faire l'objet d'une représentation littérale ; enfin, elle peut être symbolique, prenant tout son sens uniquement lorsqu'elle est décodée selon des conventions ou des systèmes de connaissance qui, bien qu'ils ne soient pas visuels à proprement parler, sont communiqués avec des moyens visuels.

Chaque hiéroglyphe particulier peut être exposé à partir

    – du sens évident/direct du signe, ou

    – de chaque usage spécifique dans les différents contextes.

Les règles régissant la conception d'allégories et de symboles, avec leurs distinctions subtiles entre des comparaisons kyriologiques, tropologiques, métaphoriques, anaglyphiques et énigmatiques, ont rendu ces interprétations symboliques possibles.

Ces exposés hiéroglyphiques associent toutes les connaissances religieuses, philosophiques et scientifiques au sein d'une vision d'ensemble d'une cosmologie vivante.

Tous les écrivains de l'Antiquité concordent sur ce point, notamment le philosophe néo-platonicien Jamblique, qui écrivit dans *Les mystères d'Égypte*: *«Les caractères hiéroglyphiques égyptiens n'ont pas été créés de manière fortuite ou sotte, mais avec une grande ingéniosité, d'après l'exemple de la Nature. Plusieurs auteurs hébreux et arabes concordent là-dessus. Ils recèlent non pas des histoires ou des éloges funèbres de rois, mais les plus hauts mystères de la Divinité».*

Le triple aspect des images hiéroglyphiques égyptiennes est cohérent avec la pensée générale égyptienne au sujet de la conscience transcendantale – la correspondance entre deux consciences – donc avec toute autre conscience possible, et donc avec le monde. Dans les écrits égyptiens, il n'y a aucune distinction artificielle entre le «sacré» et le «prosaïque».

C'est la base de la «théorie des correspondances» et de tout le symbolisme traditionnel où un symbole authentique est imprégné du pouvoir de son modèle d'origine. Contrairement à la vision anthropologique concevant les symboles comme de simples similitudes, cette doctrine les considère comme des réalités primaires dont le lien effectif est perçu par l'intellect supérieur de l'homme.

Il doit y avoir quelque chose d'identique dans une image et ce qu'elle dépeint – une identité de la «structure latente».

Un idéogramme est un moyen précis de dépeindre la réalité. L'interprétation traditionnelle de la communication prétend traiter le signe matériel comme la simple apparence d'une réalité idéale sous-jacente.

Représenter quelque chose ne signifie pas copier la nature. L'écriture idéogrammique est mimétique uniquement dans le sens où elle tente de promulguer des processus naturels.

La différence entre les images et le monde tient au fait que le monde est la «somme totale de la réalité», tandis qu'une image «représente uniquement une situation dans un espace logique».

Les idéogrammes peuvent être définis comme des images visant à représenter des choses ou des pensées. Il existe deux types d'idéogrammes:

1) Les images ou représentations effectives d'objets;

2) Les symboles illustrés, utilisés pour suggérer des idées abstraites.

2.3 LE PROCESSUS D'INTERPRÉTATION DE SÉQUENCES D'IMAGES DANS LA CONSCIENCE

1. L'interprétation de séquences idéogrammiques

Clément d'Alexandrie, dans les *Stromates, Livre V,* chapitre VII, présente un échantillon de ce qu'une série d'images/idéogrammes hiéroglyphiques égyptiens transmettent:

> *«À Diospolis, ville d'Égypte, on voit, dit-on, dans un lieu que l'on appelle le Vestibule sacré, un petit enfant, symbole de la naissance, et un vieillard, symbole de la mort. À côté d'eux, un épervier figure la Divinité, un poisson, la haine. À l'extrémité du tableau allégorique, un crocodile exprime l'impudence. L'ensemble du symbole nous paraît avoir cette signification: "Ô vous qui naissez et qui mourez, n'oubliez pas que Dieu hait l'impudence"».*

I.J. Gelb, dans son ouvrage *Pour une théorie de l'écriture,* page 41, exprima cette forme imagée d'écriture:

> *«Cherchant quels mots conviendraient aux procédés pour l'expression des idées*

(…), nous devons une fois de plus prêter attention à leurs fins et à la façon dont ils les réalisent.

Les exemples cités plus haut servent tous, à communiquer des idées au moyen d'images, dont chacune, ou la réunion de toutes, suggère une signification. Pour cette raison, cette étape de l'écriture a quelquefois été appelée "écriture des pensées", "écriture représentative" ou "écriture du contenu".

L'image, ou une séquence d'images fait apparaître au regard ce que l'œil verrait, et cela d'une façon semblable à ce qu'accomplit la représentation motivée par le besoin esthétique. À vrai dire, il y a bien des différences entre l'exécution schématique des images qui ont à communiquer une idée, et l'aspect des images artistiques, mais leur ressemblance d'ensemble l'emporte de beaucoup sur ces différences. Cette étape sur la voie de l'écriture pourrait donc être appelée le stade "descriptif" ou "représentatif" pour utiliser des mots qui aillent dans le sens de cette étroite connexion des techniques de l'expression scripturaire et artistique».

Laszlo Gefin, dans son ouvrage *Ideogram: History of Poetic Method*, pages 16–17, exprime une opinion convergente avec l'intention des Égyptiens de la forme d'écriture par des images/idéogrammes:

«Le flux de pensée suit un modèle naturel et non un modèle purement arbitraire. La pensée est consécutive, car les opérations de la nature sont consécutives. La transmission de force d'un agent à un objet, qui constitue un phénomène naturel, occupe du temps.

Ce groupe de symboles est «vivant», comme «une image en mouvement constant».

Les images ne dépeignent pas des choses, mais des actions et des processus.

Deux choses additionnées ne produisent pas une troisième chose, mais suggèrent une relation fondamentale entre elles.

Elles nous offrent de «vives» images abrégées d'actions et de processus dans la nature.

Ces symboles ne représentent pas seulement des images naturelles, mais des pensées nobles, des suggestions spirituelles et des relations obscures. L'idée de «structure latente» à l'origine du projet de choses est formulée ainsi: «la majeure partie de la vérité naturelle est cachée dans des processus trop petits pour la vue et dans des harmonies trop larges, des vibrations, des cohésions et des affinités.»

La partie la plus grande et la plus importante de la vérité naturelle est dissimulée à l'œil physique, mais n'en est pas pour autant moins réelle. Elle se cache aussi bien dans des processus trop petits pour la vue que dans des harmonies trop larges ; dans des vibrations, cohésions et affinités ; dans des ordres, des analogies, des proportions, des affections et des caractères. La vertu, la religion, la beauté, le droit, les services publics, les liens familiaux, les responsabilités politiques montrent tous les niveaux immatériels de la vérité, où les principales valeurs poétiques du monde sont réalisées».

Les séquences d'idéogrammes fournissent un soulignage de la vision cinématique et de la formation paratactique de lignes dans les représentations égyptiennes afin de ne pas perdre la réalité naturelle des «choses en mouvement, du mouvement des choses». Les images hiéroglyphiques égyptiennes consécutives ne constituent pas un développement linéaire (comme un effet de cause à effet). Au contraire, les objets coexistent, comme dans une peinture, mais le point de vue mobile a permis de temporaliser les unités spatiales. Les relations immatérielles sont dépeintes en juxtaposant des données concrètes pertinentes de manière suggestive. Cette simultanéité des unités perceptuelles et de leurs actions dans un ensemble fonctionnel représente l'essence des idéogrammes égyptiens.

2. L'interprétation des flux de rêves idéogrammiques

Comme nous l'avons vu plus haut, les facultés grâce auxquelles le corps perçoit la connaissance sont toutes reliées au cerveau. L'imagination représente la partie active de ces facultés. Elle tire des images imaginaires à partir des images perçues par les sens et les transmet au pouvoir de la mémoire, qui les conserve tant qu'elles sont nécessaires en relation avec la spéculation et déduction.

À partir des images imaginaires, l'âme abstrait également d'autres images spirituelles et intellectuelles. Ainsi, l'abstraction s'élève de la sensibilia à l'intelligibilia. L'imagination fait office d'intermédiaire entre elles. De même, lorsque l'âme a reçu un certain nombre de perceptions de son propre monde, elle les transmet à l'imagination, qui les transforme en images appropriées et transmet ces perceptions au bon sens. C'est ainsi qu'une personne les voit dans son sommeil comme si elles étaient perçues par les sens. Les perceptions passent donc de l'esprit rationnel au niveau de perception sensorielle, où l'imagination fait ici encore office d'intermédiaire. Telle est la véritable nature des visions en rêve. La conscience elle-même est un rêve.

L'exposition précédente montre la différence entre les visions en rêve réelles et fausses, «les rêves confus». Ces deux types de vision sont des images de l'imagination durant le sommeil. Cependant, si ces images proviennent de l'esprit rationnel qui les perçoit, il s'agit de visions de rêve. Si elles dérivent d'images conservées dans le pouvoir de la mémoire, où l'imagination les entrepose lorsque l'individu est en état d'éveil, il s'agit de «rêves confus».

Pour ce qui est de l'interprétation des rêves, les considérations suivantes sont essentielles. L'esprit rationnel possède ses perceptions et les passe à l'imagination. L'imagination les transforme ensuite en images, mais uniquement en images reliées d'une manière ou d'une autre à l'idée perçue. Par exemple, si l'idée d'un chef puissant est perçue, l'imagination la dépeint sous la forme d'un océan. Ou encore l'idée d'hostilité est dépeinte par l'imagination sous la forme d'un serpent. La personne se réveille et sait uniquement qu'elle a vu un océan ou un serpent. Puis, la personne chargée d'interpréter le rêve, certaine que l'océan est l'image transmise par les sens et que l'idée perçue va au-delà de l'image, met en œuvre le pouvoir de comparaison. Il est guidé par des données supplémentaires qui établissent le caractère de l'idée perçue pour lui.

Lorsque l'esprit transmet ses perceptions à l'imagination, celle-ci les dépeint dans des moules ordinaires de perception sensorielle. Si aucun moule n'existe dans la perception sensorielle, l'imagination ne peut former aucune image. Une personne qui est née aveugle ne peut pas dépeindre un chef par un océan, un ennemi par un serpent, ou des femmes par des vaisseaux, parce qu'il n'a jamais perçu ces choses-là.

Pour lui, l'imagination dépeindrait ces choses avec des images similaires dérivant du type de perceptions qui lui sont familières – à savoir, des choses qui peuvent être entendues ou senties. L'interprète du rêve doit être prudent par rapport à ces éléments qui portent souvent à confusion dans l'interprétation des rêves et altèrent ses règles.

3. L'analogie comme Agent de l'Imagination [Figuratif/Allégorique]

L'analogie est le lien établi par l'imagination entre deux ou plusieurs objets de pensée fondamentalement différents. L'analogie est donc l'œuvre de l'esprit. Elle exprime une «imagination» qui noue une relation entre des «objets de pensée». L'analogie offre un lien imaginaire. Une relation établie par l'imagination est cependant postulée comme expression d'un ordre naturel.

L'élan réductiviste règne en souverain dans l'analogie. Les signes sont inévitablement considérés comme des signes de quelque chose d'autre ; les activités sont traitées comme des documents d'une réalité sous-jacente. L'interprétation est donc l'objectif de toute compréhension et l'interprétation est réalisée lorsque le modèle prétendument submergé dans l'apparence est remarqué et dénommé (analogie, métaphore, etc.).

La transformation en analogie exprime la pratique de l'interprétation. Cette pratique semble éminemment réaliste en exigeant un signifié pour tous les signifiants et en insistant sur le fait que les signes doivent être «de» quelque chose.

Mais ce «réalisme» est le plus grossier des idéalismes. La nature elle-même est l'œuvre de signes. Les signes parlent de la Nature.

Les anciens Égyptiens croyaient en la vérité de l'allégorie et non en l'allégorie elle-même: l'union du signe, la similitude du signifiant et du signifié, l'homéomorphisme des images, le Miroir ou «l'appât» captivant.

En analogie, le signifiant s'unit au signifié: il semble symboliser, ou marquer, la Nature. Les signes sont donc le «Miroir» de la Nature. Leurs relations internes (analogie, métaphore) apparaissent comme des prépositions (de, à) naturelles et insistantes qui les dressent comme des cadres de la Nature. Résister à l'analogie, c'est résister à cette Nature (imaginaire) – récupérer le naturel pour le textuel

CHAPITRE 3 : LA REPRÉSENTATION DES PENSÉES AVEC LES IMAGES HIÉROGLYPHIQUES ÉGYPTIENNES

3.1 LES IDÉOGRAMMES D'IDÉES [LES IMAGES COMME SYMBOLES MÉTAPHYSIQUES]

Il vaut la peine de répéter la description de Plotin concernant la façon dont les Egyptiens sont venus avec leur idéogrammes hiéroglyphique pictographique. Plotin écrit dans *The Enneads* [Vol. V-VI]:

> *«Les sages de l'Égypte me paraissent avoir fait preuve d'une science consommée ou d'un merveilleux instinct, quand, pour nous révéler leur sagesse, ils n'eurent point recours aux lettres qui expriment des mots et des propositions, qui représentent des sons et des énoncés, mais qu'ils figurèrent les objets par des hiéroglyphes et désignèrent symboliquement chacun d'eux par un emblème particulier dans leurs mystères; ainsi, chaque hiéroglyphe constituait une espèce de science ou de sagesse, et mettait la chose sous les yeux d'une manière synthétique, sans conception discursive ni analyse; ensuite, cette notion synthétique était reproduite par d'autres signes qui la développaient, l'exprimaient discursivement, dénonçaient les causes pour lesquelles les choses sont ainsi faites, quand leur belle disposition excite l'admiration. Aussi admirera-t-on la sagesse des Égyptiens si l'on considère comment, ne possédant pas les causes des essences, elle a pu disposer cependant les choses de manière à ce qu'elles soient conformes aux causes des essences».*

Dans ce métalangage égyptien, le Signifiant et le Signifié du Signe se dissolvent par l'usage du signe qui représente à terme des concepts «signifiés» extralinguistiques ou bien une réalité signifiée.

Ce signe linguistique n'unit pas une chose et un nom, mais un concept. Le lien serait entre, d'une part, une entité psychologique (dans le cas d'un concept) et, d'autre part, une entité matérielle. Le contraste est d'emblée entre le subjectif et l'objectif, l'idéal et le matériel, le privé et le social.

Les Égyptiens n'ont jamais différencié les images «sacrées» des «prosaïques» (deux faces de la même médaille), conscients de maintenir cette relation entre le supérieur et l'inférieur et vice versa.

Les idéogrammes hiéroglyphiques égyptiens sont formés conformément aux lois de la nature. Le caractère du signe égyptien écrit, appartient de manière intrinsèque à sa capacité naturelle de recréer des processus.

Les idéogrammes peuvent être définis comme des images visant à représenter des choses ou des pensées. Il y a deux types d'Idéogrammes:

1. Les images, ou représentations réelles d'objets.

Copier signifie simplement refléter quelque chose qui existe déjà, inerte. À travers l'imitation, nous élargissons la nature et nous devenons la nature, ou bien nous découvrons en nous-mêmes, la partie active de la nature.

2. Les symboles en images, utilisés pour suggérer des idées abstraites.

L'imitation par l'imagination signifie créer des objets artistiques à placer à côté des objets naturels du monde. La méthode de la création artistique et la forme de l'objet créé sont spécifiquement des réalisations humaines des forces créatrices universelles présentes dans la nature. Il s'agit de la force de l'imagination à travers laquelle nous nous sentons reliés, favorablement, aux forces «latentes» plus amples du cosmos. En créant de nouveaux objets à l'aide de l'imagination, le mystique ne quitte pas la réalité en construisant des choses étrangères et non naturelles. L'imagination ne falsifie par le monde, mais elle évolue conformément à la nature.

3.2 VUE D'ENSEMBLE DE LA FORMATION ÉGYPTIENNE DES IDÉOGRAMMES

1. La richesse du savoir dans la formation d'images égyptiennes

Un symbole, par définition, n'est pas ce qu'il représente, mais ce qu'il symbolise, ce qu'il suggère. Un symbole révèle à l'esprit une réalité autre que lui-même. Les mots transmettent des informations ; les symboles évoquent une compréhension.

Un symbole donné représente cette fonction ou ce principe à tous les niveaux simultanément – de la manifestation physique la plus simple et évidente, à la plus abstraite et métaphysique. Si nous ne reconnaissons pas l'intention du symbolisme, nous poursuivrons sur la voie de l'ignorance à propos de la richesse du savoir et de la sagesse des Égyptiens.

Ce langage symbolique représente une richesse de données physiques, physiologiques, psychologiques et spirituelles dans les symboles/signes.

2. La représentation de l'homme est synonyme de l'Univers

Aux quatre coins de la planète, de nombreuses phrases déclarent en toute logique que l'être humain est créé à l'image de Dieu – et est donc un univers miniature – et que la compréhension de l'univers est synonyme de compréhension de soi-même et vice versa.

Cependant, aucune culture n'a pratiqué ces principes avec la même ferveur que les anciens Égyptiens. La connaissance que les hommes étaient créés à l'image de Dieu et que, en tant que tel, l'homme représentait l'image de toute la création résidait au cœur de leur compréhension complète de l'univers.

S'inscrivant parfaitement dans ce mouvement de pensée, la représentation d'un être humain représente aussi bien l'univers dans son ensemble que l'être humain, sur Terre. C'est le contexte du texte qui permet de différencier les deux.

3. Le symbolisme animal

L'observation attentive et les connaissances approfondies des Égyptiens sur le monde naturel leur permirent d'identifier certains animaux avec des qualités spécifiques susceptibles de symboliser certaines fonctions et principes divins d'une manière particulièrement pure et percutante.

Le chien est la meilleure manière de représenter la loyauté.

Lorsque nous parlons de l'aspect protecteur de la maternité, il n'y a pas de meilleure manière de l'exprimer qu'avec une lionne.

Cette expression symbolique d'une compréhension spirituelle profonde était présentée sous trois formes majeures. Les deux premières étaient des hommes à tête d'animaux, ou une forme animale.

La troisième forme est le contraire d'un humain à tête d'animal. Dans ce cas, un oiseau à tête humaine – comme le Ba – représentera l'âme du corps planant au-dessus du corps. La représentation du Ba est donc l'aspect divin du terrestre.

4. Les accessoires, emblèmes, couleurs, etc.

Dans le symbolisme égyptien, le rôle précis des *neteru* (dieux/déesses) est révélé de différentes manières: par les vêtements, les coiffures, la couronne, la plume, l'animal, la plante, la couleur, la position, la taille, le geste, l'objet sacré (fléau, sceptre, bâton, ânkh), etc. Ce langage symbolique représente une richesse des données physiques, physiologiques, psychologiques et spirituelles dans les symboles représentés.

5. Les formes d'action

Pratiquement toutes les figures sur les parois des monuments égyptiens sont de profil et indiquent une action ou une interaction entre les différentes figures symboliques. Elles présentent un large éventail d'action dans les formes.

Nous devons voir ces représentations sous une perspective appropriée (de quelle manière cette séquence de représentations est-elle reliée?), mais tout d'abord, de quelle manière ces représentations s'inscrivent dans l'image d'ensemble (dans le contexte du texte)?

6. L'orientation des caractères hiéroglyphiques

Les caractères hiéroglyphiques peuvent s'écrire en colonnes ou en lignes et peuvent être lus de gauche à droite et parfois de droite à gauche. Il n'y avait pas de règle fixée sur la direction dans laquelle les caractères devaient être écrits, mais les têtes étaient toujours tournées vers le début de la phrase.

L'orientation des caractères pouvait dépendre d'une multitude de facteurs, comme le type de matériau sur lequel ils étaient inscrits, la position du texte par rapport à d'autres figures ou d'autres textes, ou bien encore la nature de l'inscription. Dans certains cas, les textes étaient délibérément écrits à rebours. Il y a également des exemples d'inscriptions qui prennent du sens uniquement lorsqu'elles sont lues du bas vers le haut!

Les caractères hiéroglyphiques sont agencés à travers un flux de texte hiéroglyphique dans:

    a. Des formes singulières

    b. Un symbole simple sous deux ou trois formes pour refléter la dualité ou la pluralité.

    c. Deux symboles associés en une forme, comme une jambe avec un couteau pour indiquer le sens de «défense d'entrer».

    d. Un groupe/ensemble de 2-3 images séparées montrant un lien lâche d'une pensée/d'un concept spécifique dans une structure double ou triple.

Dans les chapitres suivants, nous fournirons plus d'informations sur un large échantillon de hiéroglyphes égyptiens, divisés en cinq groupes, du chapitre 4 ou chapitre 8:

    4. Les images hiéroglyphiques d'animaux

    5. Les images hiéroglyphiques d'humains et d'humains à tête d'animal

    6. Les images hiéroglyphiques de parties du corps humain

    7. Les images hiéroglyphiques de la nature et de figures géométriques

    8. Les images hiéroglyphiques d'objets créés par l'homme

CHAPITRE 4 : LES IMAGES HIÉROGLYPHIQUES D'ANIMAUX

4.1 LE SENS MÉTAPHYSIQUE DES IMAGES D'ANIMAUX

La fonction primaire des idéogrammes égyptiens consiste à représenter des pensées. Nous devons donc rechercher aussi bien le Figuratif (un objet symbolise l'une de ses qualités) que l'Allégorique (un objet est lié à des processus conceptuels énigmatiques).

Nous devons toujours garder à l'esprit les liens entre les formes visuelles et leurs significations. Une forme visuelle peut être mimétique ou imitative, copiant directement les caractéristiques de l'objet qu'elle représente ; elle peut être associative, suggérant des attributs qui ne sont pas présents visuellement comme des propriétés abstraites qui ne peuvent faire l'objet d'une représentation littérale ; enfin, elle peut être symbolique, prenant tout son sens uniquement lorsqu'elle est décodée selon des conventions ou des systèmes de connaissance qui, bien qu'ils ne soient pas visuels à proprement parler, sont communiqués avec des moyens visuels.

Comme nous l'avons vu plus haut, l'observation attentive et les connaissances approfondies des Égyptiens sur le monde naturel leur permirent d'identifier certains animaux avec des qualités spécifiques pouvant symboliser des fonctions et des principes divins d'une manière particulièrement pure et percutante. Ainsi, certains animaux furent choisis comme symboles d'un aspect donné de divinité. Plus nous en savons sur le comportement de ces animaux, etc., plus nous réalisons/reconnaissons leurs significations possibles.

Les animaux et leurs parties du corps sont également évoqués, par les anciens Égyptiens, dans la définition des paramètres de constellations astronomiques, comme:

Jambe du taureau (Grande Ourse)

Griffe de l'oie

Tête de l'oie

Derrière de l'oie

Tête du lion

Queue du lion

La carte céleste du pôle Nord vue depuis la tombe de Séti Ier [1333-1304 AEC] renforce le sens en ancien égyptien du mot «zodiaque» interprété comme un cercle d'animaux [voir *La culture de l'Égypte antique révélée* de Moustafa Gadalla, pour plus d'informations détaillées.]

4.2 ÉCHANTILLON D'IMAGES HIÉROGLYPHIQUES LIÉES AUX ANIMAUX

Les images hiéroglyphiques égyptiennes liées aux animaux se trouvent dans les sections E, F, G, H, I, Y, K & L de la *Liste des Hiéroglyphes* standard [disponible sur Internet].

Voici une sélection d'images hiéroglyphiques égyptiennes avec des pictogrammes liés à des animaux, accompagnés d'un très bref aperçu des fonctions/attributs métaphysiques de chacun, permettant de s'éloigner des descriptions idiotes des académiciens occidentaux et de se focaliser sur leurs significations RÉELLES subtiles et profondes. Il est toujours utile de considérer ces pictogrammes comme des «figures de style» liées à chaque image, afin de reconnaître leur nature/comportement/caractéristiques/attributs.

Abeille [L 2]

Différents attributs sont liés à l'abeille. L'attribut spécifique sera déterminé selon le contexte. Certains attributs sont:

  – Sens solaire

  – Symbole d'abondance féconde du monde naturel

  – Pollinisation

  – Fabrication du miel et ses bienfaits dans l'alimentation, la médecine, etc.

– Éthique de travail (abeille occupée)

– Piqûre—comme dans la piqûre d'abeille

Âne [E 7]

L'âne représente l'ego et l'obstination comme attribut du neter (dieu) Seth.

L'âne peut également représenter le dur labeur.

Il peut également représenter la fertilité lorsque le mâle a une forte érection phallique.

Ba [G 53]

Le Ba est l'un des composants métaphysiques des êtres humains (et autres êtres).

Le Ba est immortel. Lorsque le Ba s'en va, le corps meurt. Le Ba est représenté par un oiseau à tête humaine, qui est le contraire de la représentation normale des *neteru* (dieux, déesses) représentés par des corps humains à tête d'animal – en d'autres termes, l'aspect divin du terrestre. Le Ba peut être montré comme une cigogne ou un faucon. La cigogne est connue pour sa migration et son instinct de retour au nid. La cigogne est réputée dans le monde entier pour apporter les nouveau-nés dans leur famille. La cigogne est capable de revenir à son nid avec une précision infaillible – c'est donc tout naturellement que cet oiseau migratoire a été choisi pour représenter l'âme. «Ba» est en effet habituellement traduit par «âme».

Babouin [E 32-33]

Le babouin est presque humain et représente donc ce moment crucial qui précède le lever du soleil.

Le babouin émet un son de craquement à l'aurore, au point du jour – le Point de Départ. Le babouin représente très bien ce point de commencement. Le babouin représente le point de départ d'un cycle – qu'il s'agisse d'un cycle de création ou d'un cycle quotidien.

Avec ce rôle, le babouin est associé à Thot [Tehuti], l'intermédiaire divin entre le métaphysique (l'obscurité avant le crépuscule) et le Physique (comme dans la lumière du jour).

Dans les traditions de l'ancienne Égypte, les mots de Rê, révélés par Thot, devinrent des choses et des créatures de ce monde: les mots (sens, énergies sonores) créèrent les formes de l'univers. Ainsi, Thot représente le lien entre le métaphysique (extrahumain) et le physique (terrestre).

C'est ainsi que nous trouvons le babouin dépeint assis et en train d'attendre le Moment Zéro, ou debout, et saluant l'arrivée d'un nouveau cycle.

En cohérence avec le rôle du babouin, nous constatons que l'un des quatre disciples d'Horus a une tête de babouin. Son rôle consiste à regarder le cadran oriental, la région où la nouvelle création/la création renouvelée advient.

Le babouin, à l'image de Thot [Tehuti], est associé au principe lunaire

Béliers [E 10-11]

Plusieurs attributs sont liés aux béliers. L'attribut spécifique dépend du contexte.

Les hiéroglyphes égyptiens présentent un type de bélier, avec des cornes horizontales. Sur les représentations murales ou les statues, il y a deux béliers différents:

1. Bélier aux cornes enroulées – qui fait référence à des aspects manifestes de la création tels que l'âge zodiacal du bélier qui s'amorça pour la dernière fois autour de 2300 AEC.

2. Bélier aux cornes horizontales – qui fait référence aux aspects conceptuels de la création représentés par Khnoum.

Nous nous focaliserons ici sur le bélier hiéroglyphique aux longues cornes horizontales.

Le bélier dans l'ancienne Égypte était appelé Ba.

Ba prend différentes significations corrélées:

   1. le véhicule de l'esprit universel

2. l'incarnation du pouvoir/de la force vitale

3. a manifestation extérieure du pouvoir

Toutes les significations ci-dessus représentent Khnoum comme un aspect de la force créatrice de Rê.

Khnoum représente l'aspect du processus divin de création et de formation de l'univers, tant au niveau physique que métaphysique.

Il y a 75 formes ou aspects de Rê et Khnoum est l'un de ces aspects.

Khnoum représente l'incarnation de la force créatrice de Rê.

L'animal dans lequel Khnoum s'est incarné est le bélier, dont les cornes plates s'élèvent à angles droits sur sa tête.

Khnoum est dépeint, dans certains contextes, comme un oiseau à tête de bélier. Cet oiseau représente le Ba de Rê – le Ba universel qui englobe tout.

Chat[E 13]

Dans les *Litanies de Ré*, Rê est décrit comme *«Celui du chat»* et *«Le Grand Chat»*. Les neuf royaumes de l'univers sont manifestés dans le chat, car le chat et la Grande Ennéade (synonyme de « neuf fois » – unité) possèdent le même terme en ancien égyptien. Cette relation a également trouvé sa place dans la culture occidentale où l'on dit que *le chat a neuf vies* (royaumes).

Le chat représente l'harmonie totale, le sens du bonheur intérieur, de la joie et de la sérénité.

Cheval [E 6]

Plusieurs attributs sont liés au cheval. L'attribut spécifique dépend du contexte.

1. Le cheval symbolise le courage et l'indépendance, comme le montre Clément d'Alexandrie dans ses *Stromates, Livre V,* Chapitre VII:

   «le cheval est l'emblème du courage et de l'indépendance».

2. Le cheval est le symbole hiéroglyphique du Noble.

Le cheval représente la force motrice qui conduit à la noblesse lorsqu'elle est correctement guidée.

3. Le monarque fait CHEVALIER les personnes exceptionnelles.

Ce concept égyptien se trouve dans les traditions actuelles lorsque, en raison de ses accomplissements extraordinaires, une personne est faite CHEVALIER par le Monarque en personne.

4. Dépeint en train de vaincre les forces du chaos.

L'homme divin est dépeint dans les temples égyptiens en train d'attaquer et de vaincre les forces chaotiques, représentées comme des étrangers et des animaux sauvages.

Ces représentations sont des représentations symboliques de la bataille intérieure, entre les forces du bien et du mal.

Dans un sens prosaïque, la police montée utilise en tout lieu des chevaux pour guider et contrôler les foules. Le pouvoir du cheval est également utilisé par la police pour dissiper les foules désordonnées.

Nous utilisons l'énergie du cheval comme mesure de la puissance.

5. Dans les traditions égyptiennes, la langue humaine est assimilée à un cheval. La langue est le muscle le plus fort du corps humain. La force motrice du cheval ou la langue contrôle votre destin.

La symbolique du cheval en tant que force motrice est très puissante effectivement.

Chiens [E 14-19]

Plusieurs attributs sont liés au chien. Il y a différentes formes de chien/chacal présentées dans différentes positions et contextes. L'attribut spécifique dépend du contexte.

1. Le chien/chacal représente la bonne direction – le guide divin.

Le chien/chacal est réputé pour son instinct très développé qui le ramène, de jour comme de nuit, à sa «maison». Le chien est très utile dans les recherches et c'est l'animal de prédilection des personnes aveugles. Par conséquent, c'est un excellent choix pour guider l'âme des morts dans la région de Duat.

2. Le rôle métaphysique du chien est reflété dans son régime alimentaire. Le chien/chacal mange de la charogne, la rendant ainsi nourrissante et bénéfique. En d'autres termes, il représente la capacité de transformer des déchets en de la nourriture utile pour le corps (et l'âme).

3. Le chien représente une loyauté absolue.

4. Le chien a d'autres manifestations qui correspondent à ses traits spécifiques, comme en témoignent les *Stromates, Livre V,* Chapitre VII de Clément d'Alexandrie:

> *«…Les deux chiens sont les symboles des deux hémisphères, parce que ceux-ci roulent sur eux-mêmes dans une orbite qu'ils gardent invariablement.*
>
> *Les deux chiens désigneraient les deux tropiques, sentinelles vigilantes qui, placées l'une au seuil des régions australes, l'autre au seuil des régions boréales, surveillent la marche du soleil quand il s'avance vers l'un de ces points».*

5. Le chien est également identifié à Sirius l'étoile chien, qui est liée à:

> 1. L'étoile d'Isis – La Grande Pourvoyeuse
>
> 2. Le point d'origine dans le calendrier égyptien

1. Sirius – l'étoile chien est identifié comme la demeure de la mère universelle, Isis.

Il y a très longtemps dans l'histoire de l'ancienne Égypte, Isis était associée à l'étoile Sirius, la plus brillante dans le ciel, qui était également appelée – tout comme elle – la *Grande Pourvoyeuse* et dont la montée annuelle engendrait les crues du Nil.

2. Le calendrier égyptien très précis et ingénieux s'appuyait sur l'observation et l'étude des mouvements de Sirius dans le ciel. Ce fait est reconnu dans le dictionnaire de Webster, qui définit l'année sothiaque comme suit:

– Année liée à Sirius, le Grand chien

– Désignant un cycle ou une période de l'Égypte antique basée sur une année fixe.

Les anciens Égyptiens savaient que l'année durait un peu plus de 365¼ jours. La Terre mettait 365,25636 jours pour compléter une révolution autour du Soleil – ce qui correspond à la durée d'une année sothiaque égyptienne. [Plus de détails dans *La culture de l'Égypte antique révélée* de Moustafa Gadalla.]

Cochon [E 12]

En tant qu'animal sauvage, il représente l'aspect sauvage de la création et le cochon sauvage est donc considéré comme l'un des complices/animaux de Seth.

Crocodile [I 3-5]

Plusieurs attributs sont liés au crocodile. Bon ou mauvais, l'attribut spécifique est déterminé par le contexte.

1. Le crocodile est une manifestation du principe solaire. Nous faisons ici référence aux *Œuvres morales, Volume V* de Plutarque:

> *«Le culte qu'on rend au crocodile même, n'est pas sans un motif plausible. On lui a trouvé de la ressemblance avec Dieu en ce qu'il est le seul animal qui n'ait point de langue; car la raison divine n'a pas besoin de parole pour se manifester».*

2. En égyptien, «crocodile» se dit «*Te-MSaHh*». Sa forme verbale est *MaSaHh*, qui signifie *frotter/oindre*.

Le terme Messie (Messiah en anglais) provient également de l'hébreu et de l'araméen Mashih qui, dans sa forme verbale, MeSHeH, signifie «oindre». Ce terme provient de l'Égypte, où MeSSeH [la lettre *s* en égyptien correspond à «sh» en hébreu et araméen] signifiait le rituel d'onction des rois de l'ancienne Égypte avec la graisse de crocodiles selon la tradition réservée à tous les rois de l'ancienne Égypte depuis au moins 2700 AEC.

L'onction était le rituel de couronnement du roi égyptien. Le Christ/ Messie est donc *celui qui est sacré, qui est le roi.*

3. Le concept de la naissance du Messie sans rapport sexuel provient de l'ancienne Égypte. Isis a conçu son fils Horus après la mort de son époux Osiris.

La force cosmique responsable de sa fécondation était *MeSSeH, l'étoile crocodile,* comme en témoigne l'incantation 148 des *Textes des Sarcophages*:

> *«L'étoile crocodile (MeSSeH) frappe… Isis se réveille enceinte de la semence d'Osiris – nommément Horus».*

Horus est le résultat de l'impact de l'étoile crocodile.

4. Le crocodile a également d'autres sens/rôles puisqu'il est dépeint dans des scènes zodiacales et astronomiques.

– Comme l'une des constellations reconnues.

– Toujours présent dans des scènes zodiacales, debout au début du cycle zodiacal ou dans sa position horizontale comme une constellation astronomique.

5. Le crocodile représente la fin du voyage terrestre – la mort – qui est nécessaire pour atteindre la résurrection et la vie éternelle. Sans mort, il ne peut pas y avoir de retour à la source.

Diodore de Sicile écrivit:

> *«Le crocodile dénote toute sorte de méchancetés».*

Clément d'Alexandrie, dans ses *Stromates Livre V,* chapitre VII, affirma:

> *«Le crocodile exprime l'impudence».*

<u>Faucon</u> [G 5-13]

Différents attributs sont liés au faucon. Il y a plusieurs formes de faucon, présentées dans différentes positions et différents contextes. L'attribut spécifique dépend du contexte.

1. Le/les faucon(s) représente(nt) le principe solaire universel, comme l'explique Clément d'Alexandrie dans ses *Stromates, Livre V*, Chapitre VII:

> *«– Le faucon figure le soleil avec ses rayons enflammés, et sa puissance de destruction ; car les Égyptiens attribuent au soleil les maladies pestilentielles».*

2. Le faucon est/était étroitement lié à Horus – une manifestation du principe solaire. Dans ses *Œuvres morales, Vol. V*, Plutarque affirme:

> *«Le faucon, c'est Dieu».*

Dans le Chapitre VII de ses *Stromates, Livre V*, Clément d'Alexandrie déclare:

> *«Un faucon figure la Divinité».*

3. Le/les faucon(s) représente(nt) la ligne équinoxiale, comme l'indique Clément d'Alexandrie dans ses *Stromates, Livre V*, Chapitre VII:

> *«Le faucon serait la ligne équinoxiale, à cause de l'élévation de cette ligne et de la chaleur qui la brûle… ».*

4. Le/les faucon(s) représente(nt) la rapidité, comme l'indique Diodore de Sicile:

> *«…c'est que le faucon, par une métaphore assez naturelle, signifie tout ce qui est prompt et subit d'autant qu'il vole le plus légèrement de tous les oiseaux».*

[Lire *Egyptian Divinities* de Moustafa Gadalla pour plus de détails sur Horus et les faucons.]

Girafe [E 27]

Avec leur long cou, les girafes peuvent voir/surveiller/observer mieux que tout autre animal terrestre – avec toutes les considérations métaphysiques liées à ces traits physiques.

Grenouille [I 7]

Les grenouilles représentent la conception et la procréation, donc la source de la vie.

Les grenouilles mâles sont très prolifiques. Les grenouilles sont très nombreuses juste avant l'inondation annuelle du Nil, symbolisant une nouvelle vie.

Les grenouilles sont les symboles de l'abondance, de la fertilité, de la résurrection/renaissance.

Des amulettes de grenouilles étaient/sont populaires en Égypte pour la fertilité du fait de la nature prolifique de la grenouille.

Héron [Cigogne/Phénix] [G 31-32]

Le héron, la cigogne et le phénix sont intimement liés. Le phénix était identifié par les Égyptiens comme une cigogne ou un oiseau ressemblant à un héron appelé *benu/bennu*. Le bennu est représenté comme un oiseau en vol et est dépeint comme un mélange de héron et de cigogne, ou de faucon et de cigogne. Certains de ses attributs les plus significatifs sont les suivants:

1. Il représente la renaissance, la manifestation d'Osiris ressuscité.

La cigogne est connue pour sa migration et son instinct de retour au nid. Elle est également réputée dans le monde entier pour apporter les nouveau-nés dans leur famille.

Bennu, sous la forme d'une cigogne, apporte une Nouvelle Vie.

La cigogne est capable de revenir à son nid avec une précision infaillible – c'est donc tout naturellement que cet oiseau migratoire a été choisi pour représenter l'âme qui revient à la source.

Osiris représente le divin sous une forme mortelle qui vit, meurt et renaît. C'est pour cette raison que l'âme d'Osiris demeure dans l'oiseau Bennu, qui est toujours représenté près des scènes de résurrection.

Tout défunt est Osiris, ressuscitera et renaît.

2. Il représente l'état de gagner/regagner de la conscience.

3. Entant que symbole de la renaissance, il est associé au principe solaire.

4. Il est également représenté comme le symbole de la planète Vénus, avec tout ce que cela implique.

Le héron est représenté dans 2 positions – immobile/perché ou actif/ en train d'avancer.

1. À la Source, il est dépeint perché sur Benben – symbole de la colline primitive. Sous cet aspect, c'est le Phénix s'élevant des cendres de la colline primitive pour commencer une autre vie.

2. Il avance pour porter toutes les créations à la Source. C'est un cycle continu pour mettre bas et revenir à la source.

Bennu, en tant que tel, est un symbole de résurrection et certaines formules instruisant le défunt sur la manière de devenir le Benu.

Hippopotame [E 25]

Différents attributs sont liés à l'hippopotame. Positif ou négatif, l'attribut spécifique dépend du contexte.

1. De nature destructive, il est considéré comme l'un des animaux de Seth. Ceci est confirmé dans les *Œuvres morales* de Plutarque, *Volume V*:

«l'hippopotame marque l'impudence».

2. La taille immense de l'hippopotame projette ses attributs maternels/de grossesse et est donc un symbole de fertilité.

3. la mère hippopotame est réputée pour sa protection intrépide de sa progéniture.

4. En tant que «mère de tous», sa forme debout est représentée au début de chaque cycle – comme le cycle du zodiaque – comme on le voit dans de nombreux endroits en Égypte avant l'ère grecque.

5. En tant que porteur/contenant de toute la création, il est représenté dans toutes les scènes de renaissance de nature cosmique ou autre.

6. En astronomie, l'hippopotame est l'une des constellations septentrionales circumpolaires.

Huppe [G 22]

Dans le poème mystique égyptien «Conférence des Oiseaux», la huppe est le chef de la troupe d'oiseaux qui part à la recherche de Simurg, ou principe divin. Dans cette allégorie soufie, la huppe est féminine.

La représentation cohérente d'une adulte de l'ancienne Égypte avec son fils, portant la mèche de l'enfance et la huppe, est particulièrement intéressante.

Ibis [G 25–30]

Plusieurs attributs sont liés à l'ibis. L'attribut spécifique dépend du contexte.

Il existe plusieurs symboles hiéroglyphiques pour l'ibis, qui indiquent différents types et positions.

1. L'ibis représente le principe lunaire universel, comme le montre Clément d'Alexandrie dans ses *Stromates, Livre V*, Chapitre VII:

> *«L'ibis représente la lune; ses plumes noires rappellent l'ombre, et ses plumes blanches la lumière de cette planète».*

2. L'ibis signifie l'écliptique, comme l'explique Clément d'Alexandrie dans ses *Stromates, Livre V*, Chapitre VII:

> *«l'ibis signifierait l'écliptique. Car c'est l'ibis, parmi les autres animaux, comme le cercle oblique, parmi les autres cercles, qui paraissent avoir conduit les Égyptiens à la découverte de la numération et de l'arpentage».*

3. L'ibis est étroitement lié à Thot, également principe lunaire.

4. L'ibis est associé au triangle équilatéral, comme l'indique Plutarque dans ses *Œuvres morales, Volume V* à propos de l'ancienne Égypte:

> *«De plus l'écartement des pieds de l'ibis forme avec son bec un triangle équilatéral».*

Lièvre [E 34]

Le lièvre a toujours les yeux ouverts. Une telle caractéristique physique symbolise des concepts métaphysiques cosmiques pour les yeux divins vigilants toujours ouverts.

Les longues oreilles de cet animal symbolisent également l'entente/l'écoute divine.

Lion & lionne [E 22-23]

Plusieurs attributs sont liés aux lions. L'attribut spécifique dépend du contexte. Il y a plusieurs symboles hiéroglyphiques indiquant différents types et positions.

[E 22 – lion en marche] [E 23 – lion tapi/couché/assis – rôle défensif]

1. Le lion symbolise la force, la majesté, le pouvoir, la domination, etc. Clément d'Alexandrie dans ses *Stromates, Livre V*, Chapitre VII a écrit:

«Le lion est chez les Égyptiens le symbole de la force et du courage»

2. La lionne représente «*Mère de la tanière*», avec tous les attributs que cela implique: passionnée, protectrice, tendre, attentionnée, apportant courage et soutien.

La lionne est représentée dans l'ancienne Égypte comme *SekhMut.* Sekhmet ou Sekhmut est en réalité composée de deux mots – Sekh et Mut – signifiant *L'aîné* ou *Mère de la tanière*.

3. La lionne représente l'aspect fougueux de la force créatrice.

Dans les *Litanies de Ré*, Rê est décrit (dans l'un de ses 75 attributs/formes) comme *Celui du chat* et *Le Grand Chat.*

4. La lionne est l'animal le plus intrépide sur Terre. Dans les sociétés modernes, les entrailles et la colonne vertébrale sont symboles de courage physique. Ce concept plonge ses racines dans l'ancienne Égypte. Dans le *Papyrus d'Ani* [pl. 32 item 42], nous pouvons lire:

Mon ventre et ma colonne vertébrale sont comme Sekhmet.

Œuf [H 8]

Nous avons abordé plus haut la signification du bousier/scarabée et de la manière dont il forme et roule sa fiente fertile en forme d'œuf. C'est le symbole de l'œuf cosmique.

Un œuf représente la demeure où la création a lieu – de l'œuf d'un oiseau à l'univers en forme d'œuf.

La *Bulle universelle* a la forme d'un œuf, donc la bulle/le contenant/le ventre universel est également appelé Œuf Cosmique.

Les textes égyptiens parlent de Khnoum en ces termes:

«celui qui a fait l'œuf cosmique».

Khnoum est également présenté comme suit:

«Créateur du ciel, et de la terre, et du Tuat, et des eaux et des montagnes».

L'Œuf cosmique prend plusieurs sens corrélés:

1. le véhicule de l'esprit universel

2. l'incarnation de la puissance/de la force vitale

Khnoum représente la force divine façonnant tout l'univers et est également dépeint en train de façonner l'image de l'univers miniature – l'homme – sur un tour de potier.

Oie [G 38–39]

L'oie symbolise/exprime le mot «fils» dans le langage égyptien du fait de cet amour intense de cet oiseau pour sa progéniture, comme le confirme Horapolle.

C'est également l'oie qui déposa l'œuf doré, la source de la création.

Oiseaux [G Canards]

La représentation de chasse aux oiseaux sur les tombes et dans les temples de l'ancienne Égypte est la représentation physique de concepts métaphysiques.

La chasse aux oiseaux symbolise l'homme divin domptant les aspects sauvages de la nature – à l'intérieur de nos êtres ou à l'extérieur.

Pour les anciens Égyptiens, chaque oiseau (faucon, vautour, cigogne, phénix, oie, etc.) symbolisait différentes qualités spirituelles. Chaque espèce d'oiseau représentait un aspect spiritual sauvage qui devait être piégé, mis en captivité, parfois dompté et d'autres fois offert aux *neteru* (dieux, déesses) en sacrifice.

Plusieurs sortes d'oiseaux sont représentées dans des images hiéroglyphiques – notamment des oies, des canards, des sarcelles, des cailles, des perdrix, des oiseaux à longues pattes comme des grues, gibiers d'eau et autres espèces.

Plume [H 6]

La grande plume d'autruche représente la légèreté de la vérité d'ordinaire identifiée avec la Maât par une plume de vérité ornant sa tête.

Découvrez en plus sur ses usages avec la Maât, d'autres divinités et sa mesure de pure conscience dans la pesée du cœur typique du Jour du jugement dans *Egyptian Divinities* de Moustafa Gadalla.

Poisson [K 1-7]

Plusieurs attributs sont liés au poisson. L'attribut spécifique dépend du contexte.

1. La pêche représente l'habileté de contrôler les aspects sauvages de la nature – dans nos êtres ou à l'extérieur.

Les scènes de pêche foisonnent sur les tombes et dans les temples égyptiens. Dans les textes égyptiens, Horus prend la forme d'un pécheur et ses quatre disciples («fils») pêchent en sa compagnie. Le Christ utilisa une symbolique semblable en faisant de ses disciples les «pêcheurs d'hommes».

2. Le poisson symbolise la «haine», d'après Plutarque dans les *Œuvres morales, Volume V*:

> *«le poisson, c'est la haine* [pour les Égyptiens]»

Dans ses *Stromates, Livre V*, Chapitre VII, Clément d'Alexandrie en fait une description identique:

«un poisson figure la haine [pour les Égyptiens]*»*

Cette description est liée à l'allégorie d'Osiris lorsque le malveillant Seth et ses complices coupent le corps d'Osiris en morceaux et son phallus est jeté dans le Nil où il est mangé par un poisson.

3. Les poissons ne puent comme aucun autre animal – donc il peut également signifier la pingrerie.

4. Le poisson représente également la renaissance – l'abondance.

Poussin [G 43-50]

Le poussin représente évidemment un nouveau commencement.

Scarabée [L 1]

Le scarabée ou bousier est l'une des 75 Manifestations du processus de création, qui représentent toutes des aspects de Rê – la force créatrice divine.

Horapolle explique le symbolisme du scarabée de la manière suivante:

«Voulant signifier ce qui naît seul, ou le devenir, ou le père, ou le monde, ou l'homme (le mâle), ils [les Égyptiens] peignent un scarabée. Ce qui naît seul, parce que cet animal s'engendre de soi-même sans être porté par une femelle. Car il est seul à être engendré de la façon suivante. Lorsque le mâle veut procréer des petits, il prend de la fiente de bœuf et (en) fabrique une boule ayant une forme semblable à celle du monde. Il roule celle-ci de ses parties postérieures du levant au couchant, regardant lui-même vers le levant, afin de reproduire la figure du monde: en effet, celui-ci est porté de l'est vers l'ouest, tandis que le cours des astres est dirigé de l'ouest vers l'est».

Le scarabée se trouve donc toujours au début d'un cycle.

Rê est souvent représenté comme un grand scarabée noir assis sur la barque solaire et faisant rouler le disque solaire, ou comme un homme dont la tête humaine est remplacée par un scarabée.

Ainsi, Rê est le scarabée divin original. Le nom égyptien du scarabée était Khépri, un mot multiple signifiant *«Celui qui apporte/vient à l'existence»*.

Rê est décrit dans les *Textes funéraires d'Ounas (des Pyramides)* de la manière suivante:

«Ils te font venir à l'existence en Rê, en ce tien nom de Khépri».

Le scarabée est donc lié au principe solaire.

Serpents [I 9-15]

Plusieurs attributs sont liés aux serpents. Qu'il soit positif ou négatif, l'attribut spécifique dépend du contexte.

Plusieurs hiéroglyphes sont utilisés en fonction de l'objectif et de l'action – au repos, droit, enroulé, etc. Les serpents représentent différents aspects, comme suit:

1. Pour symboliser la dualité de la création

Le serpent représente le principe de dualité; l'habilité de l'Un à se diviser en Deux.

Le serpent représente l'Unité, avec sa longueur indifférenciée.

C'est l'Unité qui contient le pouvoir devenant dualité.

Dans la précréation, les aspects féminins de la précréation sont représentés comme des serpents, dont la queue est tenue pour représenter les pouvoirs de création potentielle.

Le serpent, qui est un animal remarquablement individualiste, porte une langue fourchue (dualité verbale) et un double pénis (dualité sexuelle).

Le serpent, en tant qu'animal le plus flexible, représente le fournisseur de toutes les différentes formes de création.

Neheb Kau – qui signifie le fournisseur de formes/d'attributs/de qualités – était le nom donné au serpent représentant le serpent/la spirale primordial dans l'ancienne Égypte.

Neheb Kau est représenté par un serpent à deux têtes, symbolisant la double nature spirale de l'univers.

2. Pour symboliser l'intellect divin

En tant que symbole de dualité, le serpent représente l'intellect, la faculté avec laquelle un homme peut briser le tout en ses parties constituantes. Ceci est analogue à la création dans la mesure où la multiplicité est créée à partir de l'unité.

3. Symbole de puissance de création

L'habileté à se multiplier est un aspect féminin. Ainsi, la forme d'un serpent était le symbole hiéroglyphique utilisé pour représenter une *netert* (déesse). L'aspect féminin, la *netert* (déesse), représente le pouvoir puissant actif dans l'univers.

4. Le pouvoir de l'opposition [«le Mal»]

Le cycle de création dicte que la multiplicité sera réunie de nouveau dans son unité originale. Pour réaliser la réunification, il est nécessaire de résister à la nature dualisante symbolisée par le serpent.

Apep (Apopis) est un serpent enroulé – une forme de Seth, représentant le pouvoir d'opposition à la résurrection.

Taureaux [E 1–3] [F 13–15] [F 23–24]

Différents attributs sont liés au taureau. L'attribut spécifique sera déterminé par le contexte.

1. Fertilité et pouvoirs sexuels [E 1 – taureau marchant à grande foulée]. Le taureau sauvage, qui est presque le symbole universel du pouvoir sexuel, symbolise une force et une fertilité sans limites. Les taureaux sont reconnus pour leur sexualité, dans la mesure où une seule bête peut féconder un troupeau entier. Ainsi, le taureau sauvage est un symbole de l'énergie sexuelle indomptée.

L'univers ne peut exister sans la faculté de se dupliquer, donc de se reproduire.

Clément d'Alexandrie écrivit dans ses *Stromates, Livre V*, chapitre VII:

> *«Le bœuf représente [pour les Égyptiens] indubitablement la terre, l'agriculture, les aliments».*

Les taureaux étaient/sont également associés aux rites de fertilité, comme l'explique Diodore dans son *Livre Premier* [21, 8-22]:

> *«Cependant, la consécration à Osiris des taureaux sacrés et surtout les deux qui s'appellent Apis et Mnevis sont particulièrement en vénération chez les Égyptiens ; parce que ces animaux ont servi plus que tous les autres à celui qu'ils croient avoir trouvé l'usage du blé et à tous ceux qui ont perfectionné l'agriculture».*

2. Symbole des aspects sauvages à dompter [E2 – taureau agressif]. Le taureau représente cette énergie sexuelle puissante qui doit être domptée et canalisée.

La chasse aux animaux sauvages représente la capacité des êtres humains à contrôler les aspects sauvages de la nature, qu'ils soient en nous ou hors de nous.

L'homme divin est représenté en train de se disperser et chasser toute sorte d'animaux sauvages, notamment le taureau sauvage.

3. Symbole de force, détermination, de dur labeur [F 13-15 – cornes de bovin]. Comme l'a remarqué Horapolle, pour les Égyptiens, les cornes de taureau représentent le travail. Ce symbole n'est pas sans rappeler l'expression *«prendre le taureau par les cornes»* signifiant «prendre le contrôle et faire le travail».

4. Symbole de sacrifice – prendre une vie pour en sauver une autre – renouveau [E 2-3 – veau]. Osiris représente le processus, la croissance et les aspects cycliques sous-jacents de l'univers – le principe faisant naître la vie de la mort apparente.

Le terme égyptien pour un jeune taureau est **A. G L**, qui signifie simplement cycle (masculin). Osiris représente le principe de rajeunissement/renouveau dans l'univers. Ainsi, dans le contexte de l'ancienne Égypte, le taureau devait souffrir d'une mort sacrificielle pour assurer la vie de la communauté. Le sacrifice de l'animal sacré et la consommation de sa chair procuraient un état de grâce.

De petites tablettes sur des tombes de l'ancienne Égypte représentent parfois un taureau noir portant le corps d'un homme vers son ultime demeure dans les régions des morts. Le nom de ce taureau est Apis, car Osiris représente l'état de mort dans tout être/toute chose – le divin sous une forme mortelle.

Dans toute l'Égypte et à toutes les époques, les taureaux sont dépeints sur les tombes et dans les temples, sacrifiés durant les festivals pour renouveler et rajeunir la vie.

Aujourd'hui encore, en Égypte, de jeunes taureaux sont sacrifiés au décès d'une personne. Cette pratique est perpétuée chaque année dans des milliers de festivals égyptiens de saints populaires.

5. Astronomie – Le taureau est l'un des signes du zodiaque [E 1 – taureau marchant à grande foulée]

Patte avant du taureau comme constellation [F 23-24 – patte de taureau] Elle représente la constellation de la Grande Ourse – ou Grand Charriot.

<u>Vaches</u> **[E 4-5 formes de vaches] [E 4 Hésat]**

Différents attributs sont liés à la vache et dépeints dans plusieurs images hiéroglyphiques. L'attribut spécifique est déterminé selon le contexte.

Les vaches représentent généralement la nourriture, physique et métaphysique – toutes deux au niveau céleste/cosmique ainsi qu'au niveau humain.

La vache est la représentation idéale de la nourriture en tous genres. Les textes de l'ancienne Égypte décrivent Isis aux 10 000 noms dans son rôle d'Hathor à tête de vache comme:

La Vache Herou-sekha, qui met bas/met au monde toutes choses…

<u>*Qui allaita l'enfant Horus*</u> **[E 5]**

Il existe également le hiéroglyphe pour Hésat **[E-4]**, une forme d'Hathor dont la fonction est de nourrir les enfants.

Hésat représente la nourriture métaphysique (amour, soin, chant, etc.) nécessaire à la croissance et au bien-être des enfants.

Hathor, comme symbole de nourriture spirituelle, joue également un rôle important dans les textes de transformation (funéraires), prodiguant la nourriture spirituelle requise par l'âme du défunt.

Lorsque l'âme promue atteint la réunification avec la Source, il/elle atteint la Vache céleste originale, où il/elle sera conservée pour l'éternité.

<u>Vautour</u> [G 14–16]

Plusieurs attributs sont liés aux vautours. L'attribut spécifique dépend du contexte.

1. Le vautour représente la stérilité.

2. Le vautour est un symbole de la **naissance vierge** – en d'autres termes, de **pureté**. Le vautour exprime le concept de «naissance vierge» parce que la vautour femelle est fécondé en s'exposant au jet du mâle, sans contact corporel.

L'exemple le plus éclatant est celui de la vierge mère Isis et de sons fils Horus – la Madonne et son Enfant.

3. Le vautour représente Mut et le pouvoir assimilateur que tout cela implique.

4. Le vautour est censé montrer beaucoup de zèle pour s'occuper de ses petits.

CHAPITRE 5 : LES IMAGES HIÉROGLYPHIQUES D'HUMAINS ET D'HUMAINS À TÊTE D'ANIMAL

5.1 LE SENS MÉTAPHYSIQUE DES IMAGES HUMAINES

De nombreuses phrases sont utilisées dans le monde entier indiquant de manière cohérente que l'être humain est créé à l'image de Dieu et constitue donc un univers en miniature; ainsi, comprendre l'univers signifie comprendre soi-même, et vice versa.

Cependant, aucune culture n'a jamais mis ce principe en pratique comme les anciens Égyptiens. Élément central de leur compréhension totale de l'univers, la connaissance que l'homme était créé à l'image de Dieu et que, en tant que tel, l'homme représentait l'image de toute la création.

Les images hiéroglyphiques égyptiennes liées à l'homme se trouvent dans les sections A et B de la *Liste des Hiéroglyphes* **standard** [disponible sur Internet].

5.2 LE SENS MÉTAPHYSIQUE DES IMAGES À TÊTE D'ANIMAL

Comme nous l'avons vu plus haut, l'observation attentive et la connaissance approfondie des Égyptiens sur le monde naturel leur ont permis d'identifier certains animaux dotés de qualités spécifiques susceptibles de symboliser certains principes et fonctions divins d'une manière particulièrement pure et percutante. Ainsi, certains animaux étaient choisis comme symbole d'un aspect donné de divinité. Lorsqu'un animal en entier est présenté en ancienne Égypte, il représente une fonction/un attribut particulier sous sa forme la plus pure. Lorsqu'une figure/image à tête d'animal est représentée, elle transmet cette fonction/cet attribut particulier dans l'univers – dépeint sous sa forme humaine – en cohérence avec l'idée que l'homme est l'image de toute la création.

Les images humaines à tête d'animal représentent les forces divines que les Égyptiens appelaient Neteru (dieux, déesses). Ce sont les manifestations de l'énergie divine dans l'univers.

Pour que la création existe et soit maintenue, cette énergie divine doit être pensée dans des termes de principes masculins et féminins. Ainsi, les anciens Égyptiens exprimaient les forces d'énergie cosmique dans les termes de netert (principe féminin) et neter (principe masculin).

[Pour plus de détails sur les fonctions cosmiques des *neteru* (dieux, déesses), lire d'autres publications du même auteur, en particulier *La cosmologie égyptienne* et *Egyptian Divinities*.]

5.3 ÉCHANTILLON D'IMAGES HIÉROGLYPHIQUES ÉGYPTIENNES ASSOCIÉES

Voici une sélection d'images hiéroglyphiques égyptiennes avec des pictogrammes humains et humains à tête d'animaux, accompagnés d'une très brève présentation des fonctions/attributs métaphysiques de chacun. Il est toujours utile de considérer ces pictogrammes comme des «figures de style» liées à chaque image, afin de reconnaître leur nature/comportement/caractéristiques/attributs.

La fonction primaire des idéogrammes égyptiens consiste à représenter des pensées. Cela signifie que l'on doit chercher aussi bien le Figuratif (un objet symbolise l'une de ses qualités) que l'Allégorique (un objet est lié par des processus conceptuels énigmatiques).

Nous devons toujours garder à l'esprit les liens entre les formes visuelles et leurs significations. Une forme visuelle peut être mimétique ou imitative, copiant directement les caractéristiques de l'objet qu'elle représente ; elle peut être associative, suggérant des attributs qui ne sont pas présents visuellement comme des propriétés abstraites qui ne peuvent faire l'objet d'une représentation littérale ; et enfin, elle peut être symbolique, prenant tout son sens uniquement lorsqu'elle est décodée selon des conventions ou des systèmes de connaissance qui, bien qu'ils ne soient pas visuels à proprement parler, sont communiqués avec des moyens visuels.

Les images hiéroglyphiques humaines et humaines à tête d'animaux se trouvent dans les sections A, B et C de la *Liste de Hiéroglyphes* standard.

Assis sans chaise [A 17–18]

La chaise donne de la légitimité et de l'autorité, comme un trône.

L'absence de chaise a donc le sens inverse.

Assis sur une chaise [A 50–51]

La chaise donne de la légitimité et de l'autorité, comme un trône.

Voir également le symbole hiéroglyphique de la «Chaise» dans le chapitre 8 du présent ouvrage.

Berger [*neter/netert* assis (dieux/déesses)] [A 40–49, B 1–7, 9–10, 12, 17]

Le berger représente la divinité dans l'homme.

Chaque figure de berger représente un aspect/rôle/concept spécifique dans le processus de création et sa gouvernance.

Pour plus de détails voir *La cosmologie égyptienne* et *Egyptian Divinities* de Moustafa Gadalla.

Bras liés [A 13]

Comme toujours, nous devrions regarder une figure de langage pour – *«j'ai les mains/bras liés»*. Cette image hiéroglyphique représente l'incapacité d'agir – inoffensif – neutralisé – sous contrôle – etc.

Enfant – curieux [A 2, 17, 18]

L'index tenu à la bouche représente le gain de connaissance, un état de progression en développement.

Clément d'Alexandrie, dans ses *Stromates, Livre V*, Chapitre VII, écrivit:

«un petit enfant [représente, dans les hiéroglyphes égyptiens] le *symbole de la naissance».*

Femme et enfant [B 5-6]

La Madone et son enfant sont présents dans l'ancienne Égypte depuis la nuit des temps, puisqu'il s'agit de l'allégorie de la vierge égyptienne Isis et de son enfant Horus. Ainsi, ce symbole est chargé de sens axés sur la création elle-même.

Beaucoup plus d'informations détaillées sur les divinités se trouvent dans le livre

Egyptian Divinities de Moustafa Gadalla.

Homme avec un bâton [A 21-26]

Un homme avec un bâton a de nombreuses significations, en fonction de la position du bâton et du contexte.

Le bâton représente le concept de négation, avec tout ce que cela implique.

Gardons à l'esprit des exemples d'usages figuratifs du terme «bâton» dans la langue anglaise («stick»), comme suit:

«Stick it (to him, etc.)» (malmener) – *«Nothing to shake a stick at» (ne pas avoir l'embarras du choix)* – *«a carrot and a stick» (la carotte ou le bâton).*

Vieil homme avec un bâton [A 19-20]

Dans ses *Œuvres morales, Vol. V,* Plutarque déclare:

«le vieillard [dans les hiéroglyphes égyptiens]*représente la cessation prochaine de la vie».*

Clément d'Alexandrie, dans ses *Stromates, Livre V,* Chapitre VII, écrivit:

«un vieillard [représente, dans les hiéroglyphes égyptiens] le*symbole de la mort».*

CHAPITRE 6 : LES IMAGES HIÉROGLYPHIQUES DES PARTIES DU CORPS HUMAIN

6.1 LE SENS MÉTAPHYSIQUE DES IMAGES DES PARTIES DU CORPS HUMAIN

Dans le monde entier, nous nous servons instinctivement des parties/organes humains pour décrire un aspect métaphysique. Les textes et les symboles de l'Égypte antique sont empreints de cette compréhension complète de l'homme (dans son ensemble et pour chacune de ses parties), considéré comme l'image de l'univers (dans son ensemble et pour chacune de ses parties).

Pour les anciens Égyptiens, l'homme représente, en tant que miniature de l'univers, l'image créée de toute la création. Puisque Rê, impulsion cosmique de la création, est appelé *«Celui qui est rassemblé, Celui qui sort de ses propres membres»*, l'être humain (l'image de la création) est lui aussi un *Être rassemblé*. Le corps humain est une unité qui consiste en différentes parties, qui sont elles-mêmes rassemblées. Dans les *Litanies de Rê*, les parties du corps de l'homme divin sont chacune identifiées avec un *neter* (dieu) ou une *netert* (déesse).

Si l'homme représente l'univers en miniature, alors tous les facteurs dans l'être humain sont dupliqués à plus grande échelle dans l'univers. Toutes les forces et les énergies, qui sont puissantes dans l'homme, le sont également dans l'univers en général. Selon la conscience cosmique des Égyptiens, quelle que soit l'action effectuée par l'homme – éternuer, cligner des yeux, cracher, crier, pleurer, danser, jouer, manger, boire ou faire l'amour par exemple – cette action est liée à un schéma plus ample dans l'univers.

Pour les anciens Égyptiens, l'homme était l'incarnation des lois de la création. Ainsi, les fonctions et les processus physiologiques des différentes parties du corps étaient considérés comme les manifestations de fonctions cosmiques. En plus de leur caractéristique physique, les membres et les organes assuraient une fonction métaphysique. Les parties du corps étaient consacrées à l'un des neteru (principes divins) figurant dans l'histoire égyptienne. Voici d'autres exemples venant étayer les *Litanies de Rê* :

L'Incantation 215 § 148-149, dans la *chambre funéraire de la tombe d'Ounas* (pyramide en ruine) à Saqqarah, assimile chaque partie du corps (tête, nez, dents, bras, jambes, etc.) aux *neteru* divins.

> *Ta tête est celle d'Horus*
>
> …
>
> *ton nez est celui d'Anubis,*
>
> *tes dents Soped,*
> *tes bras sont Hâpi et Douamoutef,*
> …
> *tes jambes sont Amset et Qébehsénouf,*
> …
> *tes membres sont les fils et fille d'Atoum.*

Le *Papyrus d'Ani* [pl. 32, formule 42] déclare:

> *Ma chevelure est comme le Noun ; mon visage est comme Rê; mes yeux sont ceux d'Hathor; mes oreilles sont celles d'Oupouaout; mon nez est celui qui préside sur la feuille de lotus; mes lèvres sont celles d'Anubis; mes dents sont celles de Serket; ma denture est celle d'Isis; mes bras sont ceux du bélier maître de Mendes; ma poitrine est celle de Neith; mon dos est celui de Seth; mon phallus est Osiris; mon ventre et ma colonne vertébrale sont comme Sekhmet; mes fesses sont comme l'œil d'Horus; mes cuisses sont comme Nout; mes pieds sont comme Ptah; il n'y a pas en moi de membre qui soit privé d'un neter (dieu) et Thot est la protection de tous mes membres.*

Le texte ci-dessus ne laisse aucun doute quant à la divinité de chaque membre:

> *il n'y a pas en moi de membre qui soit privé d'un neter (dieu).*

6.2 ÉCHANTILLON D'IMAGES HIÉROGLYPHIQUES ÉGYPTIENNES ASSOCIÉES

Les images hiéroglyphiques égyptiennes associées aux organes et aux parties du corps humain se trouvent dans la section D de la *Liste de Hiéroglyphes* standard [disponible sur Internet].

La fonction principale de ces idéogrammes égyptiens est de représenter des pensées. Nous devons donc rechercher aussi bien le Figuratif (un objet symbolise l'une de ses qualités) que l'Allégorique (un objet est lié à des processus conceptuels énigmatiques).

Nous devons toujours garder à l'esprit les liens entre les formes visuelles et leurs significations. Une forme visuelle peut être mimétique ou imitative, copiant directement les caractéristiques de l'objet qu'elle représente ; elle peut être associative, suggérant des attributs qui ne sont pas présents visuellement comme des propriétés abstraites qui ne peuvent faire l'objet d'une représentation littérale ; et enfin, elle peut être symbolique, prenant tout son sens uniquement lorsqu'elle est décodée selon des conventions ou des systèmes de connaissance qui, bien qu'ils ne soient pas visuels à proprement parler, sont communiqués avec des moyens visuels.

Voici une sélection d'images hiéroglyphiques égyptiennes avec des pictogrammes liés à des parties du corps humain, accompagnées d'un très bref aperçu des fonctions/attributs métaphysiques de chacun. Il est toujours utile de considérer ces pictogrammes comme des «figures de style» liées à chaque image, afin de reconnaître leur nature/comportement/caractéristiques/attributs.

Bouche [D 21] Bouche [D 22] signe 2/3

Le signe hiéroglyphique connu sous le nom de «bouche de Rê» évoque l'unité.

Conjointement à tout le système métrologique en Égypte basé sur la figure humaine, une fraction – quelle qu'elle soit – ne pouvait être qu'une fraction d'unité. Du point de vue ésotérique, étant donné que tous les nombres doivent être considérés comme des divisions de l'unité, le rapport mathématique d'un nombre à l'unité est révélateur de sa nature.

Les anciens Égyptiens représentaient les fractions – à savoir un numérateur de 1 – en dessinant la bouche de Rê comme le numérateur la marque d'unité sous le dénominateur.

Le signe de la «bouche» représente le signe de fraction – le rapport de 1 (entier) à la partie (fraction).

Pour écrire 1/7e, les Égyptiens écrivaient simplement le chiffre 7 dans une forme à l'envers sous le symbole de la bouche de Rê.

Un septième est appelé Re-Sefhet = *«bouche de sept»*. Le glyphe peut être traduit comme *«Un émet sept»*.

En Égypte antique, les mots de Rê, révélés à travers Thot, devinrent les parties (fractions) de ce monde.

Les textes égyptiens affirment que l'univers créé provenait de la bouche (de Rê), et la bouche est le symbole de l'Unité – l'Un – en hiéroglyphes.

<u>Bras</u> [D 35–45] <u>bras et main</u> – [D 28] Ka

Un certain nombre de symboles hiéroglyphiques présentent différentes variantes de l'avant-bras et de la main – dans différentes positions et gestes, comme suit:

- à 90 degrés ou coude plié

- mains ouvertes, fermées, poing, paume vers le bas/le haut – etc.

Le symbole du bras entier (pas seulement de l'avant-bras) et de la main peut prendre de nombreuses significations:

1. Membre supérieur du corps humain

2. L'avant-bras est synonyme de travail, de force, etc.

3. Pouvoir, attraper, contrôle: *«le long bras de la loi»*

4. Force – dans un sens terrestre: armes, branche militaire ; équiper avec des accessoires nécessaires aux opérations/à la guerre ; entrer en litige.

Tout le système métrologique en Égypte s'appuyait sur la figure humaine, ses unités dérivaient d'une longueur idéale de membre. La mesure standard linéaire de la main était la coudée: la longueur de l'avant-bras du coude au bout du majeur, divisé en 7 largeurs de main/paumes de quatre doigts, chacun de 28 doigts au total. Une coudée égyptienne correspond à 0,523 6 m.

<u>Le Ka</u> **[D 28]** est représenté par une paire de bras tendus vers le ciel. Le Ka est fondamentalement l'un des neuf composants métaphysiques majeurs de l'homme. Le Ka est l'association de plusieurs sous-composants entrelacés. Il est assimilé à ce que nous appelons la *personnalité*. Le Ka ne meurt pas avec le corps mortel, mais il pourrait se briser et se diviser en ses nombreux sous-composants.

<u>Cœur</u> [F 34]

Le Cœur était/est considéré comme le symbole des perceptions intellectuelles, de la conscience et du courage moral.

Le **cœur et la langue** se complètent l'un et l'autre, comme le montre clairement la *Stèle de Chabaka* (716-701 AEC), qui est une reproduction d'un texte datant de la 3e Dynastie:

> *«Le cœur vit par la pensée et la langue ordonne par la parole toute chose qu'il désire».*

Lors du procès du «jour du Jugement», le cœur, métaphore de la conscience, est pesé contre la plume de vérité, afin de déterminer le destin du défunt.

<u>Jambes</u> [D 54-60]

Les jambes humaines [du haut de la cuisse jusqu'au pied] servent de support et de mobilité à la partie supérieure du corps. Les jambes peuvent aussi bien prendre un sens statique/debout que dynamique/mouvement actif.

La jambe symbolise de nombreux aspects légaux comme la barre/statut/ position, droit légal/héritage, ancêtre/droits légendaires, etc. Cette interprétation n'est pas propre à la culture égyptienne, mais est ancrée dans la nature humaine. Il existe de nombreuses significations en anglais pour les mots et expressions qui commencent avec ou sont liés au sens symbolique des jambes:

> – *«no leg to stand on» (aucun argument valable)*

– *«put foot in the door» (établir le premier contact)*

– *«take a foothold» (mettre un pied dans qch)*

– *«kick out habit/someone» (chasser une habitude/quelqu'un)*

– *«Put foot down» (s'imposer)* – fermeté/détermination/finale

Les symboles hiéroglyphiques pour les jambes humaines sont regroupés en trois catégories de base:

1. Deux jambes en marche [mouvement] – [D 54-55]

Représente l'habileté à venir, aller, en avant, en arrière, etc.

2. Une jambe plus basse [verticale] avec une cuisse pliée – [D 56-57]

– représente le mouvement

– Genoux fléchis = le mouvement est possible.

– Plié – avec couteau = déplié – défense d'entrer – avec tout ce que cela implique.

3. Une jambe plus basse [verticale] sans cuisse [pied] – [D 58-60]

– redressé [genoux] sans mouvement – immobilité = position, etc.

<u>Main et doigts</u> [D 46-49] Main [D 50-51] Doigts

Plus haut dans ce chapitre, nous avons abordé les sens métaphysiques des différentes variantes de l'avant-bras avec la main, dans les différentes positions et gestuelles, etc. Nous avions axé notre analyse sur l'avant-bras. Ici, nous nous concentrons sur la main [D 46-49] et les doigts [D 50-51].

Plusieurs symboles hiéroglyphiques présentent des variantes de la main – dans différentes positions ou gestuelles, comme les mains ouvertes ou fermées, le poing serré, la paume tournée vers le bas/haut, etc.

La main symbolisait/symbolise plusieurs concepts, notamment l'action et donc la création et le pouvoir créateur latent.

La main symbolise le principe féminin.

Le rôle de la main aimante a été reconnu dans la plupart des cultures, lorsqu'un homme demande la main de sa future épouse au père de celle-ci.

À toutes les époques et dans presque toutes les cultures, la main est le symbole de la force et du pouvoir, et une image de la main est considérée comme une représentation de Dieu. Dans le texte égyptien du *Livre des Portes*, sur le cercueil en albâtre de Séti Ier, la «*Grande Main*» signifie «*Le pouvoir suprême qui régit les cieux et la Terre*».

Une **main fermée avec le pouce tendu** était considérée comme une protection fiable contre l'Œil du Mal.

Un poing – «**serré**» – signifie compression, détermination, oppression, etc. Le sens particulier dépend du contexte/de la structure du texte.

Le sens de la main droite et de la main gauche – Diodore de Sicile traita des significations métaphysiques des mains dans l'ancienne Égypte:

> «*la main droite avec les doigts étendus exprime l'abondance des choses nécessaires à la vie; la main gauche fermée indique l'économie et l'épargne*».

Une main droite active est synonyme de «donner». Une main gauche active est synonyme de «recevoir».

<u>Doigts</u> **[D 50-51]** – Chaque doigt était associé à certains attributs planétaires et cosmiques/naturels.

Le pouce et sa position par rapport aux quatre autres doigts revêtent une importance capitale. La position la plus naturelle pour le nouveau-né est celle du poing fermé sur le pouce, qui est synonyme d'absence de toute forme d'expression.

Le pouce est la véritable image de l'être. Cacher le **pouce** correspond à cacher la puissance, l'essence de l'être. Cacher le pouce témoigne d'un désir de protection et de dépendance à d'autres pouvoirs. C'est le geste préféré des personnes qui fuient la réalité, qui sont résignées et qui ont «laissé tomber».

La position opposée à celle du «**pouce renfermé dans le poing**» est celle du pouce qui s'étire de la paume. S'il forme un angle doigt précis avec l'index, il symbolise la pleine conscience.

Ce geste est révélateur de la capacité de diriger et de commander d'autres choses.

De nombreuses **variations de la position du pouce** existent entre les deux extrêmes du pouce caché et du pouce perpendiculaire à l'index.

Le pouce est souvent représenté dans une position particulière par rapport aux autres doigts lorsqu'ils forment un poing.

Le **pouce représente** l'intellect en contraste avec les doigts, lieu symbolique des émotions. Lorsque le pouce se repose confortablement près des doigts serrés, ce geste signifie que «l'esprit» domine «l'émotion».

L'**index**, près du pouce, est le seul qui affiche une indépendance de mouvement et un pouvoir fortement démonstrateur et persuasif. La force de ce doigt réside dans son appartenance à la partie motrice-active de la main. C'est le meilleur assistant, et le plus utile, du pouce. Leur collaboration nous permet de mesurer le volume, la quantité et l'espace et de prendre en charge la plupart des activités dirigées par les compétences mentales ou physiques.

En somme, chaque doigt possède ses propres caractéristiques et sa signification métaphysique; il en va donc de même pour une combinaison de deux doigts ou plus.

À travers le sens du toucher, des images sont produites qui intensifient pour nous la réalisation de l'objet. Un autre puissant motif du toucher illustre le lien direct de ce sens avec notre système nerveux et notre cerveau.

Pour toute information sur le rôle des mains et des doigts dans la musique, se référer à *The Enduring Ancient Egyptian Musical System* de Moustafa Gadalla.

<u>Œil et ses parties</u> [D4-17]

Il existe plusieurs images hiéroglyphiques présentant les variantes du symbole de l'œil [**D4-10**] et des parties de l'œil [**D11-17**].

1. L'œil est la partie du corps capable de percevoir la lumière ; pour cela il est le symbole de l'habilité spirituelle.

L'un des textes du *Livre égyptien des Cavernes* décrit les non éclairés de la manière suivante:

> *«Ils sont comme ceci, ceux qui ne voient pas le Grand Dieu, qui ne perçoivent pas les rayons de son disque, dont les âmes ne quittent pas la terre, qui n'entendent pas les paroles de ce Grand Dieu lorsqu'il passe près de leur caverne».*

La description est très proche des références dans le Gospel aux personnes *«avec des yeux pour voir et des oreilles pour entendre».*

2. L'œil droit symbolise le principe solaire, tandis que le gauche symbolise le principe lunaire. Les deux yeux ensemble symbolisent l'unité totale et le double principe de la création.

3. *«L'œil (pour les Égyptiens) marque un observateur de la justice et tout ce qui défend le corps»*, comme l'affirme Diodore de Sicile.

<u>**Parties de l'œil**</u> [D 11-17] – Conjointement à tout le système métrologique basé sur la figure humaine, les sections de l'œil représentent les glyphes pour les fractions de 1/2 à 1/64.

<u>Oreilles</u> [D 18]

Les oreilles sont synonymes d'écoute et prennent un sens métaphysique plus large lié à la reconnaissance, l'apprentissage et la compréhension.

L'un des textes du *Livre égyptien des Cavernes* décrit les non éclairés de la manière suivante:

> *«Ils sont comme ceci, ceux qui ne voient pas le Grand Dieu, qui ne perçoivent pas les rayons de son disque, dont les âmes ne quittent pas la terre, qui n'entendent pas les paroles de ce Grand Dieu lorsqu'il passe près de leur caverne».*

La description est très proche des références dans le Gospel aux personnes *«avec des yeux pour voir et des oreilles pour entendre».*

<u>Organes génitaux féminins</u> [V 39]

Isis représente le principe féminin de la nature. Son symbole était appelé «nœud d'Isis» ou «sang d'Isis», représenté par un sexe féminin stylisé.

Ce symbole féminin se trouve toujours à côté du pilier Djed d'Osiris – le symbole phallique masculin – pour représenter la nature binaire de la vie.

Phallus [D 52–53]

Un phallus en érection représente le pouvoir de génération, ou la force reproductrice de la nature. Une solution évidente pour représenter le concept de fertilité sous une forme visuelle.

Tête [D 1]

La tête signifie l'être entier – chef – tout d'abord.

Lorsque nous utilisons des expressions telles qu'«*utilisons notre tête*», nous voulons dire notre intellect, notre logique, etc.

CHAPITRE 7 : LES IMAGES HIÉROGLYPHIQUES DE LA NATURE ET DE FIGURES GÉOMÉTRIQUES

7.1 ÉCHANTILLON D'IMAGES HIÉROGLYPHIQUES ÉGYPTIENNES ASSOCIÉES

La fonction primaire des idéogrammes égyptiens consiste à représenter des pensées. Nous devons donc rechercher aussi bien le Figuratif (un objet symbolise l'une de ses qualités) que l'Allégorique (un objet est lié à des processus conceptuels énigmatiques).

Nous devons toujours garder à l'esprit les liens entre les formes visuelles et leurs significations. Une forme visuelle peut être mimétique ou imitative, copiant directement les caractéristiques de l'objet qu'elle représente ; elle peut être associative, suggérant des attributs qui ne sont pas présents visuellement comme des propriétés abstraites qui ne peuvent faire l'objet d'une représentation littérale ; et enfin, elle peut être symbolique, prenant tout son sens uniquement lorsqu'elle est décodée selon des conventions ou des systèmes de connaissance qui, bien qu'ils ne soient pas visuels à proprement parler, sont communiqués avec des moyens visuels.

Les images hiéroglyphiques égyptiennes liées à la nature et aux figures géométriques non catégorisées se trouvent dans les sections M N O V W X Z Aa de la *Liste des Hiéroglyphes* standard [disponible sur Internet].

Voici une sélection d'images hiéroglyphiques égyptiennes avec des pictogrammes liés à la nature et à des figures géométriques, accompagnées d'un très bref aperçu des fonctions/attributs métaphysiques de chacun. Il est toujours utile de considérer ces pictogrammes comme des «figures de style» liées à chaque image, afin de reconnaître leur nature/comportement/caractéristiques/attributs.

<u>Arbres</u> [M 1]

L'arbre symbolise TOUS les aspects du cycle de création – aussi bien l'émanation de l'unité originale que le retour final de toutes les choses à l'unité originale.

L'Arbre de la Vie relie les cieux, la Terre et tout ce qui est caché et en croissance dessous.

Il y a différents types d'arbres, chacun avec son propre sens métaphysique:

1. Les Égyptiens pensaient que certaines divinités établissaient leur demeure dans les arbres, et plusieurs arbres étaient considérés comme sacrés.

Hathor est la divinité féminine de l'arbre la plus importante.

Au sujet de l'importance de l'arbre d'Hathor, Plutarque dans ses *Œuvres Morales* Vol. V, écrit:

«De toutes les plantes qui croissent en Égypte, ils disent que l'on consacre le Persea spécialement à la déesse Hathor, parce que son fruit ressemble à un cœur, et sa feuille, à une langue».

La règle universelle de cause à effet – symbolisée par les fonctions du cœur et de la langue – figure sur la *Stèle égyptienne de Chabaka* (716-701 BCE), comme suit:

> *«Il advint que le cœur et la langue eurent pouvoir sur [tous les] membres [sachant qu'il existe] dans chaque corps, dans chaque bouche, de tous les neteru* (dieux, déesses)*, tous les êtres humains, de tous les animaux, de tous les reptiles, vivant par la pensée et par la parole ordonnant toute chose qu'il désire».*

L'association du cœur et de la langue s'applique également à tous les aspects de l'existence en Égypte antique.

2. L'âme couronnée de succès atteindra l'immortalité et sera conservée dans l'Arbre de la Vie. Il y a plus de 4300 ans, le pharaon égyptien Pépi évoquait déjà l'importance de l'arbre de la vie immortel. Le texte au chapitre 20 sur sa tombe récite:

> *«Ce Pépi voyage jusqu'au Grand Lac de Sekhethetep, où les Grands Dieux*

descendent et ces grands dieux des étoiles impérissables donnent à Pépi l'arbre de la vie où ils vivent, afin qu'il puisse y habiter lui aussi».

Bourgeons – (ouverts & fermés) [M 8 15 16]

Erronément associés aux *plantes de lotus et de papyrus.* Ces images n'ont rien à voir avec les plantes de lotus ou de papyrus, puisque ces deux formes sont présentées, en alternance, dans toutes les représentations de marécages, etc.

Il ne s'agit pas de deux plantes, mais d'une seule plante avec des formes ouvertes et fermées (le nénuphar égyptien se referme la nuit et plonge sous l'eau, pour remonter et se rouvrir à l'aube). Il s'agissait d'un symbole naturel du soleil et de la création.

La forme fermée représente l'état métaphysique – caché – non manifesté.

La forme ouverte représente l'état physique, manifesté.

La forme de bourgeon ouvert évoque toujours le renouveau et la renaissance, comme dans le cas de Néfertoum. Les textes de l'ancienne Égypte décrivent Néfertoum comme renaissant chaque matin du lotus.

Il y a 4 400 ans, nous lisons dans les textes connus sous le nom de *Textes des pyramides* à propos du pharaon Ounas:

«Ounas se lève comme Nefertoum du Lotus (…) et il monte à l'horizon chaque jour» .

Néfertoum s'élève d'un bourgeon ouvert – renouveau – renaissance.

Cercle & parties d'un cercle

Le cercle, des portions/segments et des variantes d'un cercle se trouvent dans de nombreux symboles hiéroglyphiques. Nous traitons ici du sens métaphysique des éléments suivants:

1. le cercle en entier

2. la moitié supérieure d'un cercle

3. le signe Neb

1. Un cercle avec un point ou un petit cercle en son centre [N–33]

La force créatrice cosmique, Rê, est écrite avec un cercle contenant un point en son centre.

Il s'agit d'un cercle bougeant à l'intérieur d'un autre cercle, unique et solitaire. Le cercle représente symboliquement l'Absolu ou l'Unité indifférenciée. Le cercle, de manière assez appropriée, est l'archétype universel de la création.

2. La moitié supérieure d'un cercle [X 1]

La moitié supérieure de l'archétype du cercle représente la manifestation physique de la création.

3. Le signe Neb [O 30]

Neb est un terme en ancienne Égypte signifiant «or» (traditionnellement, le produit final parfait, l'objectif de l'alchimiste), le seigneur, le maître, le tout, l'affirmation et la pureté.

Le hiéroglyphe désignant Neb est le segment d'un cercle, dont l'angle central est de 140 degrés. Le rapport de cet angle au cercle total (la longueur de l'arc à la circonférence complète) = 0,388 9, qui représente le deuxième pouvoir de 0,625. Le deuxième pouvoir constitue spirituellement le fait d'atteindre un niveau supérieur.

C'est le sens exact de Neb. Le rapport 0,625 était utilisé dans la conception en Égypte antique comme le rapport 5:8 et ces nombres [5 et 8] sont importants dans la Série de somme (connue sous le nom de série de Fibonacci) ainsi que dans la proportion de Neb (Nombre d'or).

Ciel/firmament [N 1]

Le firmament en tant que ciel est décrit en Égypte antique comme le ciel perçu de manière poétique comme une arche solide ou une voûte. Les anciens écrits égyptiens décrivent Isis comme:

Reine du Ciel

Reine du Firmament

Dans son rôle de firmament, Isis prend la forme de Nout, représentant les cieux comme un plafond physique, une voûte.

Étoile [N 14–15]

L'étoile égyptienne à cinq pointes forme les coins du pentagone qui s'inscrit harmonieusement dans le Disque sacré de Rê. L'étoile était le symbole égyptien du destin et du chiffre 5. L'étoile à cinq pointes représentait les demeures des âmes défuntes, comme en témoignent les *Textes d'Ounas* (erronément connus sous le nom de Textes de pyramides), à la ligne 904:

> *«N est une âme comme une étoile vivante…»*

Soleil et Lune [Principes Solaire et Lunaire] [N 5-12]

Plusieurs symboles hiéroglyphiques [N 5-12] représentent les principes solaire et lunaire et leurs interactions/relations respectives, en tant que soleil et lune manifestés.

Pour les Égyptiens, le soleil et la lune ne servent pas seulement à illuminer le jour et la nuit. Leurs rôles fondamentaux sont expliqués par Diodore de Sicile dans son *Livre Premier*, [11. 5-6]:

> *«Ce sont là les neteru (dieux) – Isis et Osiris – qui gouvernent le monde, donnant nourriture et croissance à toutes choses…».*

Diodore explique par la suite le raisonnement des anciens Égyptiens à propos de l'importance du soleil et de la lune sur l'existence universelle:

> *«De plus, ces deux divinités, Isis et Osiris, symbolisés par le soleil et la lune, contribuent à la génération des êtres subalternes. Le soleil communique l'esprit et le feu, la lune fournit la terre et l'eau, et ensemble ils donnent l'air: ainsi tout naît et prend forme par les influences du soleil et de la lune.*
>
> *Et c'est du soleil et de la lune que tout le corps physique de l'univers est fabriqué dans son intégralité; et les cinq éléments que nous venons de nommer – l'esprit, le feu, la terre, l'eau et l'air – constituent l'univers, comme la tête, les mains, les pieds et les autres parties du corps humain composent l'homme».*

Spirale [Z 7]

Les spirales—seules ou intégrées à d'autres formes – sont l'un des hiéroglyphes les plus utilisés dans l'ancienne Égypte.

L'utilisation abondante de spirales en Égypte antique est révélatrice de leurs représentations de tous les schémas de croissance dans l'univers.

La spirale dans la nature est le résultat d'une croissance proportionnelle constante. Ce type de spirale est connue en mathématiques comme l'angle constant ou la spirale logarithmique. L'expansion logarithmique est la base de la géométrie des spirales. Le fœtus de l'homme et des animaux, qui sont la manifestation des lois de génération, sont formés comme la spirale logarithmique. Les manifestations de spirales sont évidentes dans les légumes et la croissance des coquilles, des toiles d'araignées, les cornes de mouflons de Dall, la trajectoire de nombreuses particules subatomique, la force nucléaire des atomes, la double hélice de l'ADN et, avant tout, dans de nombreuses galaxies. De même, les schémas dans le royaume mental sont également générés par des mouvements en spirale.

La spirale logarithmique est présente sur la couronne rouge de l'Égypte antique. Cette couronne représente le principe solaire (dans une conception plus large que le soleil) qui est la matrice génératrice appelée Rê.

Nous la retrouvons également dans le corps enroulé d'un cobra représentant le principe divin féminin – Netert (déesse) – représentant le pouvoir puissant actif dans l'univers.

Surface d'eau [N 35]

L'eau est la source de la vie et de la réanimation, ainsi que du nettoyage – purification.

Une surface d'eau [N 35] signifie un niveau de conscience. Une nouvelle conscience/une conscience élevée équivaut à un nouvel éveil. Dans les traditions soufies, chaque niveau de conscience est évoqué comme une mort-renaissance. La même pensée s'est répandue en Égypte antique (et actuelle), où la naissance et la renaissance constituent un thème récurrent. Le terme «mort» est utilisé au sens figuratif. Le thème selon lequel l'homme doit «mourir avant de mourir» ou «renaître» dans sa vie actuelle est pris au sens symbolique ou est commémoré par un rituel. Dans ce rituel, le candidat doit vivre certaines expériences (appelées techniquement «morts»). Un bon exemple est le baptême, qui était l'objectif principal de Pâques, après Lent – représentant la mort de l'ancien moi en s'immergeant dans l'eau et la montée du nouveau moi/du moi renouvelé en sortant de l'eau.

<u>Trois plans d'eau</u> [N 35] signifie les trois niveaux de conscience associés à Thot. Les trois niveaux de conscience dans les traditions mystiques égyptiennes sont:

1. Le processus de purification du corps et de l'âme.

2. Le gain de connaissance par l'intellect et l'intuition (révélation).

3. La disparition dans l'essence divine par la cessation de toute pensée consciente.

Plus de détails dans *Mystiques Égyptiens: Chercheurs De La Voie* du même auteur.]

Plus d'informations sur les aspects métaphysiques des formes géométriques et de la géométrie sacrée, lire *Ancient Egyptian Metaphysical Architecture* de Moustafa Gadalla.

<u>Triangles</u> [Différentes formes]

Les hiéroglyphes égyptiens contiennent différentes formes de triangles.

Pour les anciens Égyptiens, Trois/Triade/Trinité/Triangle ne font qu'un. Ils ne faisaient pas de différences entre les triangles géométriques, les triades musicales ou les nombreuses trinités de l'ancienne Égypte. Le rôle physique et métaphysique de Trois est reconnu dans de nombreuses trinités de l'ancienne Égypte.

Le meilleur exemple était expliqué par Plutarque à propos du triangle 3:4:5. Plutarque affirma dans ses *Œuvres morales, Volume V*:

> *«Les Égyptiens regardent le triangle rectangle comme le plus beau de tous, et que c'est surtout à cette figure qu'ils comparent la nature de l'univers».*

En d'autres termes, les triangles sous leurs différentes formes représentent différentes natures dans l'univers.

Le triangle 3:4:5, dont le rapport de la hauteur à la base est de 3 à 4, était appelé «triangle d'Osiris» par Plutarque. L'appeler Triangle de Pythagore est un mensonge historique. Il avait été utilisé pendant des milliers d'années en Égypte antique avant la naissance même de Pythagore.

Le témoignage de Plutarque prouve très clairement que les anciens Égyptiens savaient que 3:4:5 représentait un triangle rectangle, puisque 3 est appelé droit et 4 est la base, formant un angle de 90 degrés.

Dans ses *Œuvres morales, Vol. V*, Plutarque évoque le triangle rectangle 3:4:5 de l'Égypte antique de cette manière:

> *«Il paraît probable que c'est au plus beau des triangles que les Égyptiens assimilent spécialement la nature de l'Univers; et, du reste, c'est de ce triangle que Platon semble s'être servi dans sa République, pour représenter le mariage sous une forme rectiligne.*
>
> *Dans ce triangle rectangle, un des côtés de l'angle droit est représenté par 3; la base l'est par 4, et l'hypoténuse, par 5. Or le carré de celle-ci est égal à la somme des carrés faits sur les deux côtés qui contiennent l'angle droit. Il faut donc concevoir que le côté de l'angle droit représente le mâle, que la base du triangle représente la femelle, et que l'hypoténuse est le produit des deux; qu'ainsi Osiris est le premier principe, qu'Isis en reçoit les influences, et que Horus est le résultat de l'opération de l'un et de l'autre. En effet trois est le premier nombre impair et parfait; quatre est le carré de deux, premier nombre pair; et cinq, qui est composé de trois et de deux, tient à la fois et de son père et de sa mère. Du mot pente (cinq) est dérivé le mot 'panta' (univers), ainsi que le verbe 'pempazô', qui signifie 'compter avec les cinq doigts'. De plus, 5 élevé au carré donne un nombre égal à celui des lettres de leur alphabet».*

La vitalité et les interactions entre ces chiffres montrent la manière dont ils sont masculins et féminins, actifs et passifs, verticaux et horizontaux, etc.

Dans le monde animé de l'Égypte antique, les nombres ne désignaient pas simplement des quantités, mais étaient considérés comme des définitions concrètes de principes formateurs énergétiques de la nature. Les Égyptiens appelaient ces principes formateurs énergétiques neteru (dieux, déesses).

Outre le triangle 3:4:5, nous remarquons également une référence spécifique au triangle équilatéral. Plutarque, dans ses *Œuvres morales, Vol. V* affirma à propos de l'ancienne Égypte:

De plus l'écartement des pieds de l'ibis forme avec son bec un triangle équilatéral.

L'ibis est l'oiseau sacré de Thot, dont les mots ont créé le monde.

CHAPITRE 8 : LES IMAGES HIÉROGLYPHIQUES D'OBJETS FAITS PAR L'HOMME

8.1 LE SENS MÉTAPHYSIQUE DES IMAGES D'OBJETS FAITS PAR L'HOMME

L'imitation par l'imagination signifie créer des objets conçus avec soin, qui viennent accompagner les objets naturels du monde. La méthode de création artistique et la forme de l'objet créé sont des réalisations spécifiquement humaines des forces créatrices universelles présentes dans la nature. C'est la force d'imagination grâce à laquelle nous pouvons nous sentir connectés avec bienveillance à la force plus ample «latente» du cosmos. En créant de nouveaux objets à l'aide de l'imagination, le mystique ne déserte pas la réalité en construisant des choses étrangères et non naturelles. L'imagination ne falsifie pas le monde, mais elle évolue en accord avec la nature.

Guidés par les principes de géométrie sacrée [et son origine cosmique], les objets fabriqués par les Égyptiens représentent des concepts et des pensées métaphysiques.

Dans le symbolisme égyptien, le rôle précis/la fonction ou les fonctions des neteru (dieux/déesses) ou des êtres humains sur Terre sont révélés de différentes façons par les objets fabriqués par l'homme comme un habit, une coiffe, une couronne, une couleur, un objet sacré (par ex. fléau, sceptre, bâton, ânkh), etc. Ce langage symbolique représente une richesse de données physiques, physiologiques, psychologiques et spirituelles dans les symboles présentés.

8.2 ÉCHANTILLON D'IMAGES HIÉROGLYPHIQUES ASSOCIÉES

La fonction primaire des idéogrammes égyptiens consiste à représenter des pensées. Cela signifie que l'on doit chercher aussi bien le Figuratif (un objet symbolise l'une de ses qualités) que l'Allégorique (un objet est lié par des processus conceptuels énigmatiques).

Nous devons toujours garder à l'esprit les liens entre les formes visuelles et leurs significations. Une forme visuelle peut être mimétique ou imitative, copiant directement les caractéristiques de l'objet qu'elle représente ; elle peut être associative, suggérant des attributs qui ne sont pas présents visuellement comme des propriétés abstraites qui ne peuvent faire l'objet d'une représentation littérale ; et enfin, elle peut être symbolique, prenant tout son sens uniquement lorsqu'elle est décodée selon des conventions ou des systèmes de connaissance qui, bien qu'ils ne soient pas visuels à proprement parler, sont communiqués avec des moyens visuels.

Les images hiéroglyphiques égyptiennes liées à des objets faits par l'homme se trouvent dans les sections **O–Y** [Emblèmes, édifices, etc.] de la *Liste de Hiéroglyphes* standard [disponible sur Internet].

Voici une sélection d'images hiéroglyphiques égyptiennes avec des pictogrammes liés à des objets faits par l'homme, accompagnées d'un très bref aperçu des fonctions/attributs métaphysiques de chacune. Il est toujours utile de considérer ces pictogrammes comme des «figures de style» liées à chaque image, afin de reconnaître leur nature/comportement/caractéristiques/attributs.

Ânkh [S 34]

Représente la vie éternelle.

Arche [P 1–4]

Dans les traditions égyptiennes, l'arche (bateau) sacrée symbolise le pouvoir de l'auto-renouvellement. Le bateau est défini comme «un être divin et sauveur de la mort».

L'arche divine (bateau) était souvent appelée wts nfrw, *«Celui qui élève la beauté (du neter)».*

Une petite maquette d'arche/bateau est toujours présente dans les temples égyptiens et les sanctuaires de saints populaires. L'arche/bateau était/est appelé/e le «ferry». Le bateau, avec une sorte de baldaquin, est posé sur son armature avant le début des processions, et porte une effigie ou un objet sacré lié à la divinité/au saint vénéré/e.

Dans l'ancienne Égypte, plusieurs arches divines (bateaux) participaient aux processions. L'arche était sur un piédestal dans le lieu sacro-saint dans le temple ou les différents sanctuaires et était tirée dans la procession par les prêtres lors des occasions festives.

Cordes – entortillées

Voir paragraphe ci-dessus.

Couronnes [S 1-9]

Les couronnes, comme celles sur les têtes d'homme, représentent l'habilité à se différencier et à agir. La couronne rouge représente le principe solaire (dans une conception plus large que simplement le soleil) qui n'est autre que la matrice génératrice. La couronne blanche représente le principe lunaire.

Couteau [T 30]

Couper/immobiliser/interdire/éviter/boycotter (en anglais boy-**cut**)

Échelle [U 38]

Plusieurs sens possibles comme: justice, harmonie, équilibre, sagesse, etc.

Fléau [S 45]

Symbolise l'habileté à séparer le blé de l'épi – sur le plan métaphysique.

Hache [T 7]

La hache se comprend mieux dans sa forme verbale synonyme de fendre, couper, terminer ou séparer/différencier, etc.

Houlette [S 38]

L'un des emblèmes d'Osiris représentant le berger de l'humanité, avec tout ce que cela implique.

Lit [A 55]

Tout au long de l'histoire égyptienne, les lits/bières dans les tombes et les temples ont été constamment représentés sous la forme d'un lion.

Le lit/bière représentait la mort et la résurrection.

Osiris symbolise la mort et la résurrection.

L'un des titres d'Osiris était *Le Lion*.

Le mot égyptien pour lion est **SaBA**, qui n'est autre que le chiffre sept.

Le nombre cyclique universel par excellence est SEPT – et Osiris représente l'aspect cyclique de l'univers.

Osiris est lié au chiffre sept et à ses multiples.

Étant donné qu'Osiris représente le pouvoir latent de la résurrection pour initier un nouveau cycle, les Égyptiens représentaient le lit de mort sous la forme d'un lion – le chiffre sept, Osiris.

Étant donné que tout le monde – hommes et femmes, riches et pauvres – sont Osiris à leur mort, leur Lit de MORT (pour ainsi dire) représente le lion – le chiffre sept, le Retour à la Source.

Nouage [plusieurs formes dans la section V de l'inventaire standard des hiéroglyphes égyptiens]

Les monuments de l'ancienne Égypte présentent différentes variantes de nœuds.

Nouer un nœud, dans ses différentes applications, symbolise la réunification de la double nature de l'univers créé.

Outils agricoles [U 1-8]

Les outils [et scènes] agricoles ont une signification profonde, de la même manière que nous lisons des parallèles dans la parabole biblique *«Ce qu'un homme aura semé, il le moissonnera aussi»*. Il serait absurde de la considérer comme un «conseil agricole» et non pour ce qu'elle est: un message spirituel.

La métaphore de l'agriculture est très profonde. Elle représente l'idéal d'éthique du travail et de la conduite comportementale.

Pilier Djed (Tet) [R 11]

Le pilier Djed (Tet) Tet est un arbre de vie «à l'envers», qui émane de la source. C'est le symbole d'Osiris le Divin, qui est venu sur Terre avant de repartir au ciel.

Le pilier Djed est la colonne vertébrale de la création, qui est associée à Osiris comme symbole sacré. L'élément le plus important du Djed est l'aspect vertébral du réseau neurologique de la vie, dans les hommes et dans les arbres.

Les 7 centres du pilier Djed représentent les sept barreaux métaphoriques de l'échelle, menant de la matière à l'esprit. Étant donné que l'homme est un microcosme du schéma cosmique, Djed représente un microcosme de la cosmologie universelle.

Le pilier Djed représente le tronc taillé d'un cèdre, symbolisant la possibilité d'une vie renouvelée.

L'érection symbolique du pilier Djed représente l'essence du pilier comme symbole de stabilité.

Étant donné que le pilier Djed représente la vie renouvelée, il est présent, avec le symbole d'Isis, dans presque toutes les tombes et dans presque tous les temples. Le symbole d'Isis était appelé Thet, un mot dont la sonorité est proche de Tet, le symbole d'Osiris.

Outre l'aspect phallique évident du pilier Djed, Djed représente le sacrum d'Osiris, à savoir la partie du dos proche du spermiducte (qui symbolisait la semence d'Osiris). Il était donc naturel de représenter les organes génitaux d'Isis sous la forme d'une amulette de compagnie, puisqu'avec ces deux amulettes, les pouvoirs procréateurs de l'homme et de la femme étaient symbolisés.

Pressoir à vin [M 43]

Les scènes liées au vin et au raisin symbolisent la spiritualisation.

Les parois des tombes en ancienne Égypte présentent des vignerons pressant le vin nouveau, et la vinification est de partout une métaphore constante des processus spirituels et des thèmes de transformation et du pouvoir intérieur.

Le processus de vinification de culture, vendange, pressage et fermentation est une métaphore des processus spirituels.

Dans les écrits égyptiens, Osiris était caractérisé par Le Vin.

L'âme, ou la portion de son dieu à l'intérieur, engendre la fermentation du divin dans le corps de vie. Elle s'y développe, comme pour le vin, grâce au soleil du moi spirituel de l'homme. La puissance fermentée du vin était, au niveau spirituel le plus profond, un symbole de la présence du dieu incarné dans la personne spirituellement consciente.

Sceptre [S 42]

Symbolise la suprématie de l'esprit sur la matière.

Sceptre Ouas [S 40]

Il représente le pouvoir, la domination, l'autorité, donc un auto-contrôle total.

Siège [Q 1]

Le siège est identifié à Isis comme source légitime d'autorité.

Cette signification se retrouve partout, à savoir le siège du gouvernement, siège social, etc.

Isis, en égyptien, signifie siège/trône, qui symbolise le principe matrilinéaire/matriarcal de la société en Égypte antique. Isis est toujours présentée comme portant un trône sur la tête. Ainsi, Isis représente le principe de légitimité, le trône réel physique.

Isis est le siège qui donne à son époux Osiris le pouvoir divin de gouverner. Osiris est écrit avec le glyphe du trône et l'œil, associant les concepts de légitimité et de divinité.

BIBLIOGRAPHIE SÉLECTIVE

Baines, John and Jaromir Málek, *Atlas of Ancient Egypt*, New York, 1994.

Breasted, James Henry, *Ancient Records of Egypt*, 3 Volumes., Chicago, États-Unis, 1927.

Budge, Sir E.A. Wallis,

– *Amulets and Superstitions*, New York, 1978.

– *Cleopatra's Needles and Other Egyptian Obelisks*, Londres, 1926.

– *The Decrees of Memphis and Canopis,* 3 Volumes, Londres, 1904.

– *Egyptian Language, Easy Lessons in Egyptian Hieroglyphics*, New York, 1983.
– *Egyptian Magic*, New York, 1971.

– *Egyptian Religion: Egyptian Ideas of the Future Life*, Londres, 1975.

– *From Fetish to God in Ancient Egypt*, Londres, 1934.

– *The Gods of the Egyptians*, 2 Volumes, New York, 1969.
– *Osiris & The Egyptian Resurrection*, 2 Volumes, New York, 1973.

Clément, *Stromata Book V*, Chapter IV [www.piney.com/Clement-Stromata-Five.html]

Davies, W.V., *Egyptian Hieroglyphs*, Londres, 1989.

Diodore de Sicile, *Books I, II, & IV*, traduit par C. H. Oldfather, Londres, 1964.

Drucker, Johanna, *The Alphabetic Labyrinth*, New York, 1995.

Egyptian Book of the Dead (The Book of Going Forth by Day), The Papyrus of Ani, États-Unis, 1991.

Erman, Adolf, *Life in Ancient Egypt*, New York, 1971.

Findlen, Paula, ed. *Athanasius Kircher: The Last Man Who Knew Everything*. New York, 2004.

Gadalla, Moustafa,

– *Ancient Egyptian Culture Revealed*, États-Unis, 2007.

– *Egyptian Cosmology: The Animated Universe – 2e édition*, États-Unis, 2001.

– *Egyptian Divinities: The All Who Are THE ONE.* États-Unis, 2001.
– *Egyptian Harmony: The Visual Music*, États-Unis, 2000.
– *Egyptian Mystics: Seekers of the Way*, États-Unis, 2003.

Gardiner, Sir Alan, *Egyptian Grammar: Being an Introduction to the Study of Hieroglyphs, 3e éd.*, Oxford, 1994.

Gefin, Laszl, *Ideogram: History of Poetic Method.* Austin, TX, États-Unis, 1982.

Gelb, I.J., *A Study of Writing: The Foundation of Grammatology*, Chicago, IL, États-Unis, 1952.

Gilsenan, Michael, *Saint and Sufi in Modern Egypt*, Oxford, 1973.

Godwin, Joscelyn, *Athanasius Kircher: A Renaissance Man and the Quest for Lost Knowledge*, Londres, 1979.

Helfman, Elizabeth S., *Signs and Symbols Around the World*, New York, 1967.

Hérodote, *The Histories*, traduit par A. de Sélincourt, New York et Harmondsworth, 1954.

Horapolle, *The Hieroglyphics of Horapollo*, traduit par George Boas, New York, 1950.

Iversen, Erik, *The Myth of Egypt & Its Hiéroglyphs*, Copenhague, 1961.

Jensen, Hans, *Sign, Symbol and Script,* Londres, 1970.

Kircher, Athanasius, *Oedipus Aegyptiacus*, 3 Volumes, Rome, 1652-4.

Maxwell-Stuart, P.G., ed. *The Occult in Early Modern Europe*, New York, États-Unis, 1999.

Piankoff, Alexandre,

    – *The Tomb of Ramesses VI*, New York, 1954.

    – *The Litany of Re*, New York, 1964.
    – *The Pyramid of Unas Texts*, Princeton, NJ, États-Unis, 1968.
    – *Mythological Papyri*, New York, 1957.
    – *The Shrines of Tut-Ankh-Amon Texts*, New York, 1955.

Platon, *The Collected Dialogues of Plato including the Letters*, édité par E. Hamilton & H. Cairns, New York, 1961.

Plotin,

    – *The Enneads*, 6 Volumes, traduit par A. H. Armstrong, Londres, 1978.

    – *The Enneads*, traduit par Stephen MacKenna, Londres, 1991.

Plutarque,

    – *De Iside Et Osiride*, traduit par J. Gwyn Griffiths, Wales, UK, 1970.

    – *Plutarch's Moralia, Volume V*, traduit par Frank Cole Babbitt, Londres, 1927.

Pritchard, James B., ed. *Ancient Near Eastern Texts*, Princeton, NJ, États-Unis, 1955.

Shafer, Byron E., ed. *Religion in Ancient Egypt*, Ithaca, NY, États-Unis, 1991.

Silverman, David and Torode, Brian, *The Material Word: Some Theories of Language and its Limits*. Londres, 1980.

Wilkins, John, *Mercury or the Secret and Swift Messenger*, Londres, 1641.

Wilkinson, Richard H.,

    – *Reading Egyptian Art, New York, 1994.*

– *Symbol & Magic in Egyptian Art, New York, 1994.*

Plusieurs sources sur Internet.

Nombreuses références en arabe.

SOURCES ET NOTES

Les références aux sources dans la section précédente, Bibliographie sélective, sont indiquées uniquement pour les faits, événements et dates, et non pas pour les interprétations faites de ces informations.

Il convient de noter en cas de référence à l'un des livres de Moustafa Gadalla que tous les ouvrages de cet auteur contiennent des annexes indiquant sa propre bibliographie détaillée ainsi que des sources et notes détaillées.

Chapitre 1. La duperie historique sur la linguistique de (l'ancienne) Égypte

1.1 Les modes d'écriture en images ou alphabétiques – Gadalla [Culture], Petrie, Gardiner [Grammaire égyptienne], Silver, Wittgenstein

1.2 Les signes universels en images – Helfman

1.3 Les images/écritures métaphysiques égyptiennes illustrées – Gadalla [Culture, Harmony], Plutarque, Diodore, Clément, Plotinus [Armstrong], Iverson

Chapitre 2. Les réalités scientifiques/métaphysiques des images illustrées (Hiéroglyphes)

2.1 Les images: Le langage de l'esprit/de la conscience/du divin – Silver [Kafka], Khaldun, Gefin, Pritchard [*Stèle de Chabaka*]

2.2 La sagesse des trois rôles de chaque image hiéroglyphique égyptienne – Horapolle, Iverson, Clément, Silver [Wittgenstein & Kafka], Drucker, Freud, Gadalla [Divinities, Cosmologie, Mystiques], Gefin, Taylor [Volume I], Godwin [Kircher], Kircher [*Oedipus Aegyptiacus*]

2.3 Le processus d'interprétation de séquences d'images dans la conscience

2.3.1 **L'interprétation de séquences idéogrammiques** – Clément, Gelb, Gefin

2.3.2 **L'interprétation des flux de rêves idéogrammiques** – Khaldun, Silver

2.3.3 **L'analogie comme Agent de l'Imagination** – Silver

Chapitre 3. La représentation des pensées avec les images hiéroglyphiques égyptiennes

3.1 **Les idéogrammes d'idées [Les images comme symboles métaphysiques]** – Gadalla [Culture, Harmony], Silver, Plotinus [Armstrong], Iverson, Gefin, Taylor [*Volume I*]

3.2 **Vue d'ensemble de la formation égyptienne des idéogrammes**

3.2.1 **La richesse du savoir dans la formation d'images égyptiennes** – Gadalla [Cosmologie]

3.2.2 **La représentation de l'homme est synonyme de l'Univers** – Gadalla [Cosmologie, Mystiques, Harmony], Wilkinson [Reading & Symbol]

3.2.3 **Le symbolisme animal** – Gadalla [Cosmologie, Divinities], Wilkinson [Reading & Symbol]

3.2.4 **Les accessoires, emblèmes, couleurs, etc.** – Gadalla [Cosmologie], Wilkinson [Reading & Symbol]

3.2.5 **Les formes d'actions—Hiéroglyphes individuels PLUS séquence de symboles** – Gadalla [Harmony], Wilkinson [Reading & Symbol]

3.2.6 **L'orientation des caractères hiéroglyphiques** – Gardiner, Wilkinson [Reading & Symbol]

Chapitre 4. Les images hiéroglyphiques d'animaux [Symbolisme animal]

4.1 **Le sens métaphysique des images d'animaux** – Gardiner, Drucker, Wilkinson [Reading & Symbol], Gadalla [Culture]

4.2 Échantillon d'images hiéroglyphiques liées aux animaux

Abeille – Gardiner, Wilkinson [Reading & Symbol]

Âne – Gardiner, Wilkinson [Reading & Symbol], Gadalla [Cosmologie & Divinities]

Ba – Gardiner, Wilkinson [Reading & Symbol], Gadalla [Cosmologie]

Babouin – Gardiner, Wilkinson [Reading & Symbol], Gadalla [Divinities]

Béliers – Gardiner, Wilkinson [Reading & Symbol], Gadalla [Cosmologie & Divinities]

Chat – Gardiner, Wilkinson [Reading & Symbol], Gadalla [Cosmologie & Divinities]

Cheval – Gardiner, Wilkinson [Reading & Symbol], Clément, Gadalla [Cosmologie]

Chiens – Gardiner, Wilkinson [Reading & Symbol], Gadalla [Cosmologie, Culture, Mystiques & Divinities], Clément

Cochon – Gardiner, Wilkinson [Reading & Symbol]

Crocodile – Gardiner, Wilkinson [Reading & Symbol], Gadalla [Divinities & Christianisme], Clément, Diodore

Faucons – Gardiner, Wilkinson [Reading & Symbol], Clément, Plutarque, Diodore, Gadalla [Divinities]

Girafe – Gardiner, Wilkinson [Reading & Symbol]

Grenouille – Gardiner, Wilkinson [Reading & Symbol], Gadalla [Cosmologie & Divinities]

Héron – Gardiner, Wilkinson [Reading & Symbol], Gadalla [Cosmologie & Divinities]

Hippopotame – Gardiner, Wilkinson [Reading & Symbol], Plutarque, Gadalla [Divinities]

Huppe – Gardiner, Wilkinson [Reading & Symbol], Gadalla [Cosmologie]

Ibis – Gardiner, Wilkinson [Reading & Symbol], Clément, Plutarque, Gadalla [Harmony]

Lièvre – Gardiner, Wilkinson [Reading & Symbol]

Lion & lionne – Gardiner, Wilkinson [Reading & Symbol], Clément, Gadalla [Cosmologie & Divinities]

Œuf – Gardiner, Wilkinson [Reading & Symbol], Gadalla [Divinities]

Oie – Gardiner, Wilkinson [Reading & Symbol], Gadalla [Divinities], Horapolle, Iverson

Oiseaux – Gardiner, Wilkinson [Reading & Symbol], Gadalla [Culture]

Plume – Gardiner, Wilkinson [Reading & Symbol], Gadalla [Divinities]

Poisson – Gardiner, Wilkinson [Reading & Symbol], Gadalla [Culture], Clément, Plutarque

Poussin – Gardiner, Wilkinson [Reading & Symbol]

Scarabée – Gardiner, Wilkinson [Reading & Symbol], Horapolle, Gadalla [Cosmologie & Divinities]

Serpents – Gardiner, Wilkinson [Reading & Symbol], Gadalla [Cosmologie & Divinities]

Taureaux – Gardiner, Wilkinson [Reading & Symbol], Gadalla [Cosmologie & Divinities], Clément, Diodore, Horapolle

Vaches – Gardiner, Wilkinson [Reading & Symbol], Gadalla [Cosmologie & Divinities]

Vautour – Gardiner, Wilkinson [Reading & Symbol], Gadalla [Cosmologie & Divinities], Iverson, Horapolle

Chapitre 5. Les images hiéroglyphiques d'humains et d'humains à tête d'animal

5.1 Le sens métaphysique des images humaines – Gadalla [Cosmologie, Harmony & Divinities]

5.2 Le sens métaphysique des images à tête d'animal – Gadalla [Cosmologie & Divinities]

5.3 Échantillon d'images hiéroglyphiques égyptiennes associées – Drucker, Gadalla [Cosmologie & Divinities]

Assis sans chaise – Gardiner, Wilkinson [Reading & Symbol], Gadalla [Cosmologie]

Assis sur une chaise – Wilkinson [Reading & Symbol], Gadalla [Cosmologie]

Berger – Gardiner, Wilkinson [Reading & Symbol], Gadalla [Cosmologie & Divinities]

Bras liés – Gardiner, Wilkinson [Reading & Symbol]

Enfant – Curieux – Gardiner, Wilkinson [Reading & Symbol], Clément, Gadalla [Divinities]

Femme et enfant – Gardiner, Wilkinson [Reading & Symbol], Gadalla [Cosmologie]

Homme avec un bâton – Wilkinson [Reading & Symbol]

Vieil homme avec un bâton – Gardiner, Wilkinson [Reading & Symbol], Plutarque, Clément

Chapitre 6. Les images hiéroglyphiques des parties du corps humain

6.1 Le sens métaphysique des images des parties du corps humain – Gadalla [Cosmologie & Harmony]

6.2 Échantillon d'images hiéroglyphiqes égyptiennes associées –
Drucker, Gadalla [Cosmologie & Harmony]

Bouche – Gardiner, Wilkinson [Reading & Symbol], Gadalla
[Cosmologie, Divinities & Harmony]

Bras [incl. Ka & coudée] – Gardiner, Wilkinson [Reading &
Symbol], Gadalla [Cosmologie & Harmony]

Cœur – Gardiner, Wilkinson [Reading & Symbol], Gadalla
[Cosmologie]

Jambes – Gardiner, Wilkinson [Reading & Symbol]

Main et doigts – Gardiner, Wilkinson [Reading & Symbol], Budge
[Amulettes], Gadalla [Cosmologie], Diodore, Sorell

Œil et ses parties – Gardiner, Wilkinson [Reading & Symbol],
Diodore, Gadalla [Cosmologie & Harmony]

Oreilles – Gardiner, Wilkinson [Reading & Symbol], Gadalla
[Cosmologie]

Organes génitaux féminins – Gardiner, Wilkinson [Reading &
Symbol], Gadalla [Cosmologie & Divinities]

Phallus – Gardiner, Wilkinson [Reading & Symbol], Gadalla
[Cosmologie]

Tête – Gardiner, Wilkinson [Reading & Symbol], Gadalla
[Cosmologie]

Chapitre 7. Les images hiéroglyphiques de la nature et de figures géométriques

7.1 Échantillon d'images hiéroglyphiques égyptiennes associées –
Drucker, Gadalla [Cosmologie & Harmony]

Arbres – Gardiner, Wilkinson [Reading & Symbol] Plutarque, *Book
of Dead*, Kastor, Gadalla [Cosmologie, Mystiques & Divinities]

Bourgeons – Gardiner, Wilkinson [Reading & Symbol], Gadalla [Cosmologie & Divinities]

Cercle & parties d'un cercle [entier – croix dans entier – moitié supérieure – neb] – Gardiner, Wilkinson [Reading & Symbol], Gadalla [Cosmologie, Divinities, Mystiques & Harmony]

Ciel/firmament—Gardiner, Wilkinson [Reading & Symbol], Gadalla [Cosmologie & Divinities]

Étoile – Gardiner, Wilkinson [Reading & Symbol], Horapolle, Gadalla [Cosmologie & Harmony]

Soleil et Lune [Principes Solaire et Lunaire] – Diodore, Gadalla [Cosmologie & Divinities]

Spirale – Gardiner, Wilkinson [Reading & Symbol], Gadalla [Cosmologie & Harmony]

Surface d'eau [1 ou 3] – Gardiner, Wilkinson [Reading & Symbol], Gadalla [Mystiques]

Triangles – Gardiner, Wilkinson [Reading & Symbol], Plutarque, Gadalla [Cosmologie & Harmony]

Chapitre 8. Les images hiéroglyphiques d'objets faits par l'homme

8.1 Le sens métaphysique des images d'objets faits par l'homme – Gadalla [Cosmologie & Harmony], Gefin

8.2 Échantillon d'images hiéroglyphiques associées—Drucker, Gadalla [Cosmology & Harmony]

Ânkh – Gardiner, Wilkinson [Reading & Symbol], Gadalla [Cosmologie]

Arche – Gardiner, Wilkinson [Reading & Symbol], Gadalla [Mystiques]

Cordes entortillées – Gardiner, Wilkinson [Reading & Symbol], Gadalla [Cosmologie]

Couronnes – Gardiner, Wilkinson [Reading & Symbol], Gadalla [Cosmologie]

Couteau – Gardiner, Wilkinson [Reading & Symbol], Gadalla [Cosmologie]

Échelle – Gardiner, Wilkinson [Reading & Symbol], Gadalla [Cosmologie]

Fléau – Gardiner, Wilkinson [Reading & Symbol], Gadalla [Cosmologie]

Hache – Gardiner, Wilkinson [Reading & Symbol], Gadalla [Cosmologie]

Houlette – Gardiner, Wilkinson [Reading & Symbol], Gadalla [Cosmologie]

Lit – Gardiner, Wilkinson [Reading & Symbol], Gadalla [Cosmologie]

Nouage – Gardiner, Wilkinson [Reading & Symbol], Gadalla [Cosmologie]

Outils agricoles – Gardiner, Wilkinson [Reading & Symbol], Gadalla [Cosmologie]

Pilier Djed – Gardiner, Wilkinson [Reading & Symbol], Gadalla [Cosmologie]

Pressoir à vin – Gardiner, Wilkinson [Reading & Symbol], Gadalla [Cosmologie, Christianisme]

Sceptre – Gardiner, Wilkinson [Reading & Symbol], Gadalla [Cosmologie]

Sceptre Ouas – Gardiner, Wilkinson [Reading & Symbol], Gadalla [Cosmologie]

Siège – Gardiner, Wilkinson [Reading & Symbol], Gadalla [Cosmologie, Divinities]

www.ingramcontent.com/pod-product-compliance
Lightning Source LLC
Chambersburg PA
CBHW061338140726
47997CB00003B/1016